SEMIÓTICA E PSICANÁLISE

Blucher

SEMIÓTICA E PSICANÁLISE

Duas teorias do signo

Olavo Bessa

Semiótica e psicanálise: duas teorias do signo

Editora Edgard Blucher Ltda.

Publisher Edgar Blücher
Editores Eduardo Blücher e Jonatas Eliakim
Coordenação editorial Andressa Lira
Produção editorial Lidiane Pedroso Gonçalves
Preparação de texto Ana Maria Fiorini
Diagramação Negrito Produção Editorial
Revisão de texto Maurício Katayama
Capa Laércio Flenic
Imagem da capa Júlia Pazzini

Blucher

Rua Pedroso Alvarenga, 1245, 4º andar
04531-934 – São Paulo – SP – Brasil
Tel.: 55 11 3078-5366
contato@blucher.com.br
www.blucher.com.br

Segundo o Novo Acordo Ortográfico, conforme 6. ed. do *Vocabulário Ortográfico da Língua Portuguesa*, Academia Brasileira de Letras, julho de 2021.

Dados Internacionais de Catalogação na Publicação (CIP)
Angélica Ilacqua CRB-8/7057

Bessa, Olavo Fontes Magalhães

Semiótica e psicanálise : duas teorias do signo / Olavo Fontes Magalhães Bessa. – São Paulo : Blucher, 2023.

216 p.

Bibliografia
ISBN 978-65-5506-785-9

1. Psicanálise. 2. Semiótica (Psicologia). I. Título.

23-0568 CDD 150.195

Índice para catálogo sistemático:
1. Psicanálise

A Jhoelle, meu companheiro, que está presente em todos os momentos.

Sinônimos?

Esses que pensam que existem sinônimos, desconfio que não sabem distinguir as diferentes Nuances de uma cor.

Mário Quintana, *Caderno H*

Agradecimentos

Deixo uma palavra de reconhecimento à Universidade de Alfenas; à PUC-Minas, de Poços de Caldas; ao Politécnico de Milão e à Universidade Federal do Rio Grande do Norte, onde atualmente estou sediado, pelo importante papel que tiveram na minha formação acadêmica. Meu reconhecimento vai também para as outras universidades por onde tive passagens mais breves, mas não menos importantes para minha experiência docente. Esses lugares de aprendizado são instituições abstratas, mas se apoiam em lugares físicos ideados e construídos por pessoas e que, principalmente, são frequentados por elas. Dirijo, portanto, o meu agradecimento a essas pessoas – professores, funcionários e alunos dessas instituições – que encontrei pelo caminho, pois sempre estiveram bem mais dispostas a abraçar do que a desferir golpes.

Nunca fui alguém que gostasse ou quisesse trabalhar desacompanhado, por isso tenho que agradecer à Silvia Matos, que, na sua imensa generosidade, fez com que eu acreditasse que estive trabalhando sozinho para concluir este livro. Bem menos claro é meu entendimento sobre a importância, em Natal, de Helena Rugai e, em Milão, de Silvia Pizzocaro, pois, de alguma forma que não sei explicar muito bem, são responsáveis por eu encontrar um lugar acadêmico.

Tenho muito a agradecer também ao Jhoelle, pois ele sempre cria as condições para que eu possa trabalhar e me concentrar naquilo que me importa. Ele sabe que tudo depende de um pouco de afeto.

Pelas conversas iluminantes que tive com Gustavo Engel.

Agradeço *in memoriam* a Roti Nielba Turin, que de forma brilhante ensinava a semiótica. Ela conseguia esclarecer os pontos mais intrincados do pensamento de Peirce, trazendo clareza aos complexos discursos dele, sem nunca reduzir sua teoria à simplicidade.

Agradeço, também *in memoriam*, a Massimo A. Bonfantini, que de alguma forma plantou uma semente para que este livro nascesse, e estendo esses agradecimentos a Salvatore Zingale.

Agradeço, ainda, o grande incentivo dado por Josimey Costa e Elizabeth Romani.

Apresentação

A base deste livro, *Semiótica e Psicanálise: duas teorias do signo*, é a semiótica e foi pautada principalmente pelos textos de Charles Sanders Peirce, examinado sobretudo por meio do material editado por Charles Hartshorne e Paul Weiss (Peirce, 1931-1935, 1958), mas outros textos provenientes de diversas outras fontes, sobretudo da psicanálise, foram amplamente acolhidos. A ideia principal é pensar uma teoria do signo que possa se conectar a uma atividade prática, mas que, especificamente, dê um aporte teórico sobre como operamos a linguagem. Algumas vezes apresento visões diferentes daquela proposta pela semiótica, e o faço tanto para reforçar ideias como para completar lacunas conceituais que considero sensíveis para um mais abrangente entendimento da estrutura e do funcionamento das linguagens. Haverá aquele leitor que se perguntará por qual motivo, então, este livro não tem um capítulo que fale especificamente sobre a linguagem, já que ela é matéria fundante tanto para a semiótica como para a psicanálise. Bem, todo este livro é sobre linguagem, e cada assunto tratado aqui serve para ajudar a esclarecer como a operamos. Parto do pressuposto psicanalítico de que só podemos manter uma relação de existência com o mundo por meio da linguagem. A linguagem é uma zona de interseção entre os sentidos humanos e os fenômenos que os circundam, sendo que os próprios sentidos e os próprios fenômenos se assentam sobre a linguagem e se estruturam com ela, pois nada daquilo que está fora da linguagem para nós pode existir. Assim, linguagem é entendida neste livro como a estrutura que abriga os mecanismos de transformação daquilo que para a gente ainda não existe em coisas que passam a existir. Dessa forma, os seres humanos enquanto cientes do mundo e de si mesmos são, eles mesmos, estruturados como linguagem, e isso lhes dá a faculdade de transformar o que ainda não é em algo que passa a ser.

Muitas vezes me deparei com outros textos que pensam a "semiótica aplicada". Se não estão citados neste livro é porque ou me escaparam, e por isso peço desculpas, ou apresentam uma proposição discrepante das concepções ora propostas e dão ao texto de Peirce interpretações incongruentes – às vezes conflituosas – àquelas apresentadas neste livro. Isso não quer dizer que o debate não seja bem-vindo, muito pelo contrário, é a base para a constituição de uma visão mais espraiada e ao mesmo tempo mais integrada do lugar da linguagem na compreensão e transformação do mundo que nos circunda.

Temos ainda que alguns conceitos originários de fontes diversas serão apresentados umas vezes como propõe o autor, outras somente para sustentar uma fala em uma direção diferente daquela intencionada pelo texto original. Não sou, por exemplo, um expert no trabalho de Lacan, então algumas vezes vou cometer o pecado de me apropriar somente de compreensões segmentadas de seu trabalho, evitando a amplitude de sua obra, certamente necessária no contexto da psicanálise, mas negligenciável no contexto desta obra. A intenção aqui é contrastar – ou melhor, complementar

– com a visão psicanalítica aquilo que eu imagino faltar à semiótica. A semiótica se concentra nos aspectos estruturais da experiência humana, enquanto a psicanálise, apesar de ser também estruturalista em alguns aspectos, é capaz de dar respostas também de cunho existencialista.

Por fim, para lidar com as questões do sujeito pré-noético, foram trazidas algumas noções apontadas pela psicanálise e sistematicamente aprofundadas pela neurociência a partir das visões de Daniel Dennett, Antônio Damásio e Gerald Maurice Edelman. Se a semiótica e a psicanálise são capazes de dar um ótimo entendimento sobre os filtros sensoriais e cognitivos na aquisição das informações, a neurociência tem sido capaz de aprofundar uma questão crucial apontada pela psicanálise referente à atuação de filtros biofisioquímicos durante a aquisição da informação.

Conteúdo

1. Lidando com o mundo

Um amigo físico me disse uma vez: "Não conseguiremos nunca ter um diálogo razoável sobre qualquer assunto se antes não entrarmos em acordo sobre a definição que estamos dando às palavras". Ele me disse isso depois de uma breve discussão. Éramos professores na mesma instituição de ensino e estávamos conversando sobre mudanças ocorridas no nosso ambiente de trabalho. Eu, então, querendo melhorar o astral, disse que a vantagem do ser humano é que ele se adapta com muita facilidade às mudanças do ambiente. Ele disse que a capacidade de adaptação do homem era, se não exatamente a mesma, pelo menos idêntica à de qualquer outro animal. Eu tinha em mente as mudanças comportamentais imediatas, em função do ambiente; ele tinha em mente as transformações biológicas, também em função do ambiente. Depois de algumas trocas efusivas de palavras, um achando que o outro sustentava um conceito errado, entendemos que apenas tínhamos atribuído um valor diferente para a mesma palavra. Ponderamos e entramos no acordo de que a palavra que melhor se encaixaria no meu discurso, que melhor explicaria o que eu queria dizer e daria menos margem a dúvidas, seria *ajuste*. Entre nós e para aquele discurso decidimos que a palavra *ajuste* implicaria uma atividade deliberada de correção ou alteração do estado de algo, enquanto *adaptação* teria um caráter menos ativo, pois seria algo que poderia acontecer como consequência de uma mudança ou emergir a partir de novas circunstâncias. Na verdade, não importa se havíamos dado um significado correto às palavras, o importante é que, tendo entrado em acordo quanto à definição de cada vocábulo, pudemos prosseguir produtivamente a nossa conversa.

Essa foi a motivação para criar este capítulo. Precisamos entrar em acordo sobre quais são os significados que estamos dando às palavras. Tratarei da questão do *real* e da *realidade* pela absoluta necessidade de destacar os fatos que acontecem no mundo concreto, como fenômeno, dos fatos que são reconstruídos em nossas mentes, a partir do fenômeno, e que podem ser chamados de realidade ou real interpretado. Não que o real possa existir fora de nossas mentes, mas ele é aquela parte formada em nossa mente sobre a qual não temos nenhum controle.

Será explicada, também, a relação entre *significante* e *significado*, não somente pelo ponto de vista da semiótica, mas também pelas observações avançadas pela semiologia de Saussure e pela psicanálise com base principalmente no discurso de Jacques-Alain Miller proferido durante as conferências caraquenhas, mas também a partir de outras vozes, como Recalcati e Greco. A ideia não é entrar profundamente no argumento, mas relacioná-lo com o tópico que explica a diferença entre real e realidade, estabelecendo uma ligação entre significante e significado.

Além de entrarmos em acordo sobre as definições dos termos centrais deste estudo, acho necessário explicar os termos presentes no discurso acerca do triângulo semiótico de Peirce, como primeiridade, secundidade e terceiridade. Esses três conceitos estão envolvidos em três momentos operacionais do pensamento, já que nosso processo de apropriação do real e sua transformação em realidade ocorrem por meio de leituras, análises e proposições que fazemos a partir do mundo fenomenológico. É na base desses três estádios do signo semiótico que se desenrola a semiose, ou seja, o processo de significação proposto pela semiótica.

Real e realidade

Esses são dois termos usualmente empregados de maneira indistinta. Ambos, no entanto, não podem ser exatamente a mesma coisa, visto que *realidade* é *real* somado ao sufixo *-idade* (real + (i)dade). Esse sufixo substantiva adjetivos, como acontece com o adjetivo feliz, que, substantivado, se torna felicidade ou belo, que se torna beldade. O termo *realidade*, portanto, é uma substantivação do adjetivo *real*.

Acontece que a palavra real pode ser tanto um adjetivo como um substantivo. Que há distinção entre real adjetivo e realidade substantivo não se discute, além do mais, esse é um assunto que não interessa muito a este estudo. Temos, então, que confrontar real (o substantivo) com realidade (o adjetivo real, substantivado) e entender no que ambos os termos podem diferir um do outro.

Simões (2009), na sua dissertação de mestrado intitulada *Estudo semântico e diacrônico do sufixo -dade na língua portuguesa*, demonstra sua preocupação com a falta de atenção a essa desinência e a seu significado. Podemos dizer que, por um lado, estamos perseguindo um significado intrínseco ao termo -dade, por outro, o significado somente poderá ser gerado se o fizermos a partir do sentido expresso pelos valores em uso naquele contexto de análise. Para Simões, o afixo -dade "é detentor de um valor sistêmico depreendido do valor contextualizado do vocábulo derivado", e isso indica que a partícula -dade é polissêmica. A autora apresenta diversos estudos que consideram o sufixo -dade, sendo recorrente nas fontes consultadas a indicação de que o termo está ligado a uma "qualidade abstrata", e conclui reafirmando essa ideia dizendo que "são abstratos os termos que aludem às ações, aos estados e às propriedades". Diz também que "certos conceitos abstratos têm uma face concreta por tendências de cunho figural (como o uso de metáforas e metonímias), que influenciam não apenas os produtos derivados, mas também as próprias bases de sua formação" (p. 207). Originalmente, no latim, o termo -dade esteve relacionado à qualidade daquilo que está expresso na base do vocábulo. Então, enquanto metáfora ou metonímia, a realidade não é o real, mas a substituição daquilo que é real por uma qualidade abstrata. Realidade pode ser definida, também, em seu aspecto polissêmico, como: "o fato de ser real"; "propriedade/qualidade de ser real"; "aquele ou aquilo que é real"; e a partir do século XIX também pode ser entendida com o sentido de "conjunto do que é real". Acostou-se a essas considerações lexicais a interpretação de Heidegger (1927/2002), que, mesmo não criando uma distinção entre as palavras real e realidade, explica com clareza, no seu livro *Ser e tempo*, a existência de algo que ocorre fora da mente (extra-mentis) e de algo que ocorre dentro da mente (intra-mentis).

A discussão entre o que acontece dentro e fora da mente se complica quando factualmente ocorre a ilusão, pois, em si mesma, a ilusão é real e verdadeira, apesar de ocorrer na mente. Ainda que a ilusão seja algo que acontece intra-mentis, como ficção, é também algo que está extra-mentis, enquanto é um fenômeno que existe concretamente em forma de sinapses e não apenas no imaginário. De qualquer forma, o que interessa aqui é a compreensão de que há coisas que ocorrem extra-mentis, no mundo dos fenômenos, e por um processo de idealização essas coisas se tornam algo intra-mentis, no mundo das ideias. A tentação de correlacionar real e realidade à interpretação de Heidegger, mencionada no parágrafo anterior, é grande. Poderíamos propor que o termo real fosse empregado para designar o que é extra-mentis e realidade para definir o que é intra-mentis. Aqui a questão é bastante sutil, mas é fundamental precisar que o conceito de real que se está defendendo não é aquela parte que existe independentemente da minha mente ou da minha existência, mas é justamente aquela parte que minha mente não pode de forma alguma manipular. O real é aquela parte mentalmente introjetada sobre a qual não temos nenhum controle, e que, portanto, não podemos modificar, a menos que intervenhamos sobre a fisicidade das coisas. É provocado por elementos extra-mentis, condicionantes do pensamento que não podem ser interpretados de modos diferentes, pois simplesmente existem *di per se*.

Um psicanalista italiano, Massimo Recalcati, em um brevíssimo artigo (Recalcati, 2012) que expõe uma clara crítica ao seu campo de atuação, explica a distinção entre real e realidade pelo ponto de vista psicanalítico. O autor diz que a psicanálise, por certas teorias, mas também por certas práticas, autoriza o terapeuta a ter uma espécie de delírio da interpretação. Ele cita três casos: um caso em que um famoso analista se precipita a interpretar a decisão de cortar a barba tomada por um paciente como um comportamento anal-agressivo, sinal de *transferência* negativa, que é a condensação de vivências dolorosas e projetadas, neste caso, sobre o próprio analista; um outro caso, com o protagonismo de Melaine Klein, que, não tendo suspendido seu trabalho de analista durante a Segunda Guerra Mundial, interpretou como *defesa* o terror de um menino que, no momento da sessão psicanalítica, procurou refúgio quando ouviu o barulho dos bombardeiros alemães nos céus de Londres; e, por último, cita um caso em que um importante analista italiano explica que, se durante a sessão um paciente conta que ficou entretido com sua caixa postal abarrotada de e-mails, isso significa que naquela sessão ele está com dificuldades para falar de si, significa que ele está sentindo que sua palavra está obstruída. Expostos tais eventos, para além de essas afirmações serem plausíveis ou não, Recalcati é bastante eficaz em explicar como o delírio hermenêutico dos psicanalistas contribui para dissolver a realidade concreta em um conjunto de projeções fantasmáticas do sujeito. O mundo interior cobiça integralmente o mundo exterior, e a realidade psíquica acaba coincidindo com a própria realidade. Recalcati menciona que Freud dizia que o psicanalista, na arte da interpretação, corria o risco de dar aval a uma versão paradoxal do jogo de cara ou coroa: se der cara eu venço, se der coroa você perde.

O real, no entanto, não pode se confundir com a realidade, e tanto menos a realidade pode se confundir com a interpretação que damos dela. O que ocorre, porém, é que, muito frequentemente, não somente os psicanalistas substituem a realidade efetiva por uma realidade psíquica: nós também o fazemos. Todos nós cedemos à tentação de lidar com o mundo não por aquilo que ele objetivamente é, mas pela mediação das interpretações que damos a ele. Uma projeção autoritária do que eu sou e penso sobre aquilo que o mundo é, constrangendo-o a se tornar aquilo que eu projetei para ele ser.

Em 2012, Recalcati fez menção a um termo cunhado por Maurizio de Ferraris: “inemendabilidade”. O texto mais antigo apresentando o termo criado por Ferraris que eu encontrei foi um artigo de 8 de agosto de 2011, escrito para o jornal italiano *La Repubblica*. Sobre o termo, Ferraris explica:

> *Mas a água molha e o fogo queima, quer eu saiba disso, quer eu não saiba, independentemente da linguagem e da categoria. Até um certo ponto, tem alguma coisa*

> *que resiste. É aquilo que eu chamo de "inemendabilidade", a característica saliente do real. O que pode ser certamente uma limitação, mas que, ao mesmo tempo, nos fornece exatamente aquele ponto de apoio que nos permite distinguir o sonho da realidade e a ciência da magia. (Ferraris, 2011)*[1]

O autor denuncia que, muitas vezes, falta esse ponto de contato com o real, reduzindo o ato psicanalítico, sobretudo nas linhas anglófonas, que tendem a ser mais literais, de uma interpretação a uma mera ilação priva de sustentação. Em contrapartida, diz ainda Recalcati, existe outra versão da psicanálise que a quer não como uma teoria da interpretação dentre outras, mas como uma teoria e uma prática dos limites da interpretação. Sobre a questão da interpretação e de seus limites, recomendo dois livros de Umberto Eco (1990, 1992/1993) sobre o assunto ou o texto intitulado *Lector in Fabula* (Eco, 1979/1986). Por ora, é importante, como acusa Recalcati, dizer que os novos realistas e os hermeneutas se descuidam em discernir o real da realidade, acabando por usar esses dois termos como se fossem sinônimos, mas existe uma explicação psicanalítica abordada por Recalcati que os distingue. O real tem um caráter permanente, mas a realidade assume características dessa permanência, como se fosse independente da vontade do sujeito, mas na verdade envolve a própria pessoa que a constrói. O autor diz que:

> *Olhando-me ao espelho não me surpreendo que seja eu, e que este eu que sou não coincida de fato com a imagem refletida, ainda que eu me reconheça naquela imagem. Do mesmo modo, se olho um chinelo*

1 Todas as citações de obras em língua estrangeira foram traduzidas por mim.

> *abandonado num quarto, não duvido que seja um chinelo e que, como tal, seja destinado a certos usos e não a outros. A realidade, no entanto, exatamente por esses atributos de permanência e de independência da minha vontade - insinuaria Lacan -, é um sono. No sentido em que, por causa da nossa frequentação habitual da realidade - a minha imagem no espelho, o chinelo no quarto -, tendemos a adormecer, isto é, pressupomos que a realidade responda a uma certa ordem naturalmente evidente. Eu sou eu, o chinelo é o chinelo. Se caminho pela rua, não me pergunto se os edifícios que estão à minha volta podem desmoronar ou não existir. Atribuo a eles alguma credibilidade, como aquela que David Hume atribuía à probabilidade de que o Sol ressurgirá também amanhã. Nesse sentido, a nossa vida é feita a partir da rotina da realidade. (Recalcati, 2012)*

Recalcati pergunta: "E o real? Quando encontramos o real?". O autor explica que, para Freud, nos encontramos com o real nos pesadelos, ou seja, "em alguma coisa que nos acorda e nos impede de continuar a dormir", e completa: "porque chegamos muito perto da verdade do nosso ser pulsional" (Recalcati, 2012). O encontro com o real é sempre o encontro com um limite que nos chacoalha, quer dizer, é o encontro com a força de alguma coisa que nos impede de continuar a dormir. Segundo o autor, estamos falando de eventos acachapantes, como a aparição de um nódulo que nos ameaça na expressão de uma doença mortal, a perda de um trabalho que coloca em risco a nossa existência e a existência da nossa família, a recorrência de um comportamento sintomático que nos lesa e que nenhuma interpretação consegue fazer regredir; mas também um novo amor, o nascimento de um filho, uma experiência mística, o encontro com uma obra de arte, uma invenção científica, uma conquista coletiva. Tudo aquilo que nos acorda do sono da realidade é real, incluindo os pesadelos sobre os quais nos fala Freud. Trata-se de uma forma radical do "inemendável", diz Ferraris também na fala de Recalcati. Quando esses fenômenos fortes acontecem é que tocamos aquelas partes salientes do real. E, sobre isso, o autor continua dizendo:

> *não posso escapar da morte, tampouco posso escapar dos efeitos que me provocam a leitura perturbadora de um livro, a visão de um filme ou de um quadro. O real é algo do qual não se pode fugir. Nesse sentido, o real para Lacan está associado a um trauma que introduz na nossa vida uma descontinuidade que interrompe o sono rotineiro da normalidade da realidade. Sou verdadeiramente aquele eu que vejo no espelho? (seria realmente necessário, porém, fazer essa pergunta quando estamos sendo atravessados pela angústia?). O chinelo é somente um chinelo? (seria bom perguntar a um fetichista de pés...). (Recalcati, 2012)*

No discurso do autor, se fosse necessário dar uma definição seca para o termo real, poder-se-ia dizer que este não coincide nunca com a realidade, mas é aquilo que a rompe. Menciona, a propósito, a definição dada por Umberto Eco sobre o *realismo negativo*, aquele realismo que introduz a realidade a partir da sua resistência irredutível à interpretação, e sustenta que, por certo viés, trata-se da mesma definição de Lacan: "o real é aquilo que resiste ao poder da interpretação. Com um adendo decisivo e uma distinção: o real não coincide com a realidade, pois a realidade tende a ser o véu que recobre a asperidade escabrosa – 'inemendável' – do real" (Recalcati, 2012). Isto ocorre, segundo Recalcati (2013), não porque o real seja uma coisa em si mesma, numênica, que a realidade aparente envolveria – o que acabaria fatalmente por reproduzir um velho esquema metafísico –, mas porque a realidade se constitui socialmente a partir da necessidade de, justamente, neutralizar a asperidade escabrosa do real. Diz Recalcati que a psicanálise sinaliza a tendência dos seres humanos de "procurar abrigo no sono da realidade para neutralizar o trauma do real. A realidade é o analgésico do real. É uma tela que serve para proteger a vida: eu sou eu, o chinelo é o chinelo". E conclui dizendo que, depois do ataque de 11 de setembro às Torres Gêmeas, alguém escreveu: "agora que fomos constrangidos a acordar, façam-nos dormir novamente o mais rapidamente que puderem. Nos deem de novo o sono da realidade" (Recalcati, 2013).

Bem, mas o que diz Peirce sobre a questão do real e da realidade? O autor entende que o assunto é central para o seu estudo, a ponto de dedicar muitas linhas para falar diretamente sobre o assunto ou abordá-lo indiretamente por meio do Realismo. Ele diz que real e realidade são palavras inventadas recentemente – no século XIII –, com significados absolutamente claros para ser aplicados à filosofia. Para ele, "algo é real por ter tais e tais características, quer alguém pense que aquele algo tenha aquelas características, quer pense que não as tenha" (Peirce, CP 5.430 Cross-Ref:††).[2] Por essa afirmativa, fica claro que, a partir do seu ponto de vista, basta que algo nos alimente com informações descritivas, que mostre suas características, para ser considerado pertencente ao domínio do real. O autor diz que esse é o sentido

2 O termo CP 5.430 Cross-Ref:†† é relativo aos *Collected papers*, textos de Peirce editados por C. Hartshorne e P. Weiss (1931-1935) e por A. W. Burks (1958), publicados em oito volumes. A sigla CP significa *Collected papers*. O número que antecede o ponto é referente ao volume e os números subsequentes indicam o parágrafo. O termo Cross-Ref:†† indica que na versão digital há o direcionamento para uma matriz de referências cruzadas sobre o assunto. Todas as referências aos *Collected papers* seguem essa mesma lógica.

que, pelo menos, os pragmatistas dão à palavra real. Peirce (CP 5.432 Cross-Ref:††) repete o conceito, dizendo que: "o que qualquer proposição verdadeira afirma é real, no sentido de ser como é, independentemente do que você ou eu pensemos sobre aquilo". Peirce (CP 5.405 Cross-Ref:††) dedica, porém, um longo trecho de reflexões a discutir o termo realidade, e começa dizendo:

> *Abordemos agora o tema da lógica e consideremos uma concepção que particularmente diz respeito a ela: a da realidade. Tendo clareza no sentido da familiaridade, nenhuma ideia poderia ser mais evidente do que essa. Cada criança a usa [a realidade] com perfeita segurança e nem sonha que não a compreende. Quanto a ter clareza em um segundo grau, no entanto, a realidade provavelmente se tornaria um enigma para a maior parte das pessoas, mesmo para aquelas com as mentes mais reflexivas, que buscariam uma definição abstrata do real. Tal definição talvez possa ser alcançada se considerarmos os pontos de diferença entre a realidade e o seu oposto, a ficção. Uma invenção é um produto da imaginação de alguém; tem características impressas pelo seu pensamento. Aquilo que essas características são, independentemente de como você pensa ou eu penso, é pertencente a uma realidade externa. Há, no entanto, fenômenos dentro de nossas mentes que são dependentes do nosso pensamento, mas, ao mesmo tempo, são reais, dado que nós realmente os pensamos. Apesar de suas características [do fenômeno] dependerem de como pensamos, eles [os fenômenos] não dependem de como nós pensamos que essas características sejam. Assim, um sonho tem uma existência real como um fenômeno mental se alguém realmente o sonhou; que uma*

> *pessoa o tenha sonhado desta ou daquela forma não depende do que alguém pensa que tenha sido sonhado, mas é algo que acontece independentemente de todas as opiniões sobre o assunto. Por outro lado, considerando--se não o fato de sonhar, mas aquilo que foi sonhado, ele [o sonho] mantém suas peculiaridades, em virtude de nenhum outro fato além daquele que foi sonhado possuir [tais peculiaridades]. Dessa forma, podemos definir o real como aquele cujas características existem, independentemente de como qualquer pessoa possa pensar que elas sejam. (Peirce, CP 5.405)*

A partir das palavras de Peirce, podemos observar algumas questões importantes: (1) a realidade tem uma contiguidade, mas não se mistura com o real porque a realidade é um processo mental que nos aproxima da lógica e o real tem uma compulsória existência na mente, independentemente de como usamos a lógica para significá-lo; (2) a realidade é posta por Peirce como o contrário da ficção e, de fato, o é, porém não são opostas pelo fato de os elementos da realidade terem a sua origem no real e os elementos da ficção não a terem, aliás, tanto a realidade quanto a ficção têm uma forte matriz imaginária, portanto elas são opostas pela probabilidade de coerência que seus elementos estabelecem em correspondência aos elementos do real; (3) real é aquilo que existe, independentemente do pensamento que qualquer pessoa possa ter, ainda que esteja subentendida a necessidade de que alguém perceba o fenômeno para que o real possa existir; (4) mesmo nas construções ficcionais mais dissociadas da realidade há sempre algo ligado ao real, pois tais construções tanto se apoiam em fenômenos de referência presentes no real (que Peirce chama de realidade externa) e que servem para a criação do imaginário quanto são, em si mesmas, o concreto fenômeno de sinapses que ocorrem no real durante o pensamento; (5) entende-se que o real é depreendido das características que ele mesmo possui, independentemente de como nós possamos pensar que essas características sejam, enquanto a realidade é absolutamente dependente do nosso pensamento e julgamento, uma vez que acontece como resultado de um processo lógico; (6) podemos ir um pouco além, agregando outras falas de Peirce (CP 2.650 Cross-Ref:††; CP 4.43 Cross-Ref:††; CP 5.406 Cross-Ref:††; CP 5.96 Cross-Ref:††; CP 5.597 Cross-Ref:††; CP 8.284 Cross-Ref:††) quando separa ficção de realidade, para inferir que existem duas formas de lidar com o real: uma forma cuja consequência é a chamada realidade e outra cuja consequência é a chamada ficção, sendo que a realidade decorre de construções mentais mediadas por ligações diretas existentes com o real e a ficção é uma construção que, mesmo tendo sido feita a partir do real, não tem uma imediata relação com ele.

É importante repetir que o real não é somente o mundo físico existente apesar de nós, mas é o mundo físico representado, ou seja, é o mundo físico com o qual nossa percepção consegue lidar, mas que não é de forma alguma alterada pelos nossos processos cognitivos. Para intervir no real é necessário tocar diretamente o fenômeno e, assim, mudá-lo concretamente. Se observarmos outro trecho dos *Collected papers*, Peirce (CP 2.650 Cross-Ref:††; CP 4.43 Cross-Ref:††; CP 5.406 Cross-Ref:††; CP 5.96 Cross-Ref:††; CP 5.597 Cross-Ref:††; CP 8.284 Cross-Ref:††) diz sobre o real:

> *Só temos que parar e considerar por um momento o que se entende pela palavra* real, *e toda a questão logo torna-se visível. Os objetos são divididos, de um dos lados, em ficções, sonhos etc., do outro lado, em realidades. Os antecedentes são aqueles que existem apenas na medida em que eu, você ou alguém os imagina; os últimos são aqueles que possuem uma existência*

> *independentemente da sua, da minha ou da mente de qualquer quantidade de pessoas. O real não é tudo aquilo que pensamos que ele seja, mas é aquilo que não é afetado pelo que quer que possamos pensar sobre ele . . . Onde o real, aquela coisa que existe independente do como eu a possa pensar, pode ser encontrado? Tal coisa deve existir, pois nossas opiniões são restringidas; há algo, portanto, que influencia nossos pensamentos e não é criado por eles. Não temos, é verdade, nada imediatamente presente para nós além de nossos próprios pensamentos. Esses pensamentos, no entanto, foram provocados por sensações, e essas sensações são circunscritas por algo que está fora da mente. Essa coisa que está fora da mente, que afeta diretamente as sensações e por meio da qual a sensação "pensa", uma vez que está fora da mente, independentemente de como a pensamos, é, em síntese, o real. (Peirce, CP 8.12 Cross-Ref:†† §2. Formulation of realism)*

No mesmo texto, mas falando sobre a realidade, Peirce diz que:

> *As explicações em vigor sobre a controvérsia realista-nominalista são igualmente falsas e ininteligíveis. Dizem que elas são derivadas, em última análise, do Dicionário Bayle; de qualquer forma, não se baseiam em um estudo de autores. "Poucos, muito poucos, por cem anos", diz Hallam com verdade, "violaram o repouso das imensas obras dos escolásticos". E, ainda, é perfeitamente possível afirmar, então, que ninguém pode deixar de compreender qual era a questão e como pode haver duas opiniões sobre ela. Os universais são reais? . . . A questão, portanto, é se* ***homem, cavalo*** *e*

> *outros nomes de classes naturais correspondem a qualquer coisa que todos os homens, ou todos os cavalos, realmente tenham em comum, independente do nosso pensamento, ou se essas classes são constituídas simplesmente por uma igualdade na maneira como nossas mentes são afetadas por objetos individuais [cada homem, cada cavalo] que não têm, em si mesmos, qualquer semelhança ou relação uns com os outros. Já que essa é uma questão concreta para a qual mentes diferentes responderão naturalmente de maneiras opostas, é evidente que a realidade, tal como foi apenas definida, pode ser considerada por esses pontos de vista distintos. . . . . Todo pensamento e opinião dos seres humanos contém um elemento arbitrário, acidental, dependente das limitações circunstanciais, de poder e de inclinação do indivíduo; em resumo, um elemento de erro. Mas universalmente a opinião humana, em longo prazo, tende a assumir uma forma definitiva que é a verdade. (Peirce: CP 8.12 Cross-Ref:†† §2. Formulation of realism)*

Os três últimos trechos dos *Collected papers* referidos anteriormente apresentam diversos conceitos importantes para a compreensão da semiose, porém pretendo explicá-los mais especificamente adiante. Por ora apresento somente algumas considerações feitas a partir do pensamento de Peirce sobre *realidade* e *real*, incluindo algumas reflexões que vão além da fala do autor, mas que foram consideradas oportunas para a orientação do tema como uma conjectura própria. Um pouco mais adiante introduzo a representação de um modelo que resume o funcionamento do processo de significação (Fig. 1.1). Esse modelo torna gráfico o que já foi dito sobre real, realidade e ficção, mas será ilustrativo também para os tópicos que se seguem.

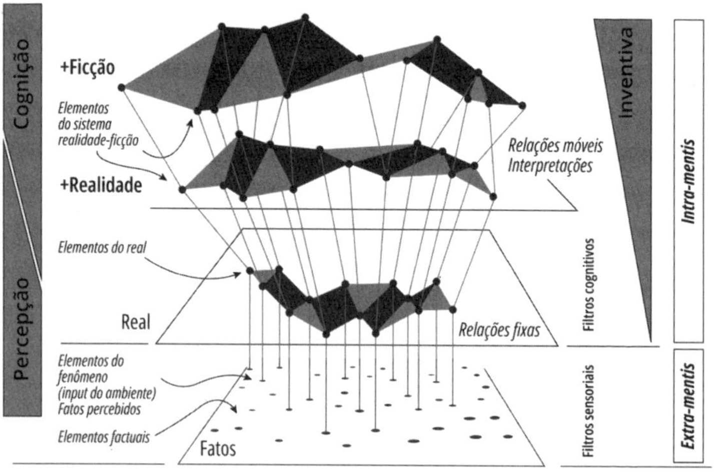

Figura 1.1 Modelo do processo de significação relativo à natureza das linguagens.

Fenômeno, real e realidade

O real, apesar de existir na mente de alguém, se distingue da realidade pelo fato de seus elementos não serem dependentes da flexão da faculdade humana, enquanto a realidade é essencialmente um processo dependente dessa capacidade humana de entender e interpretar fatos que se manifestam como fenômeno. Tanto o real quanto a realidade são uma espécie de metáfora do fenômeno, ou aquilo que nossos filtros sensoriais e cognitivos conseguem pescar do fenômeno. A diferença entre uma coisa e outra é que o real é aquela parte dessa metáfora que não pode ser manipulada mentalmente por nós, cujos elementos se apresentam de forma fixa até que novos *inputs* provenientes do ambiente os modifiquem, ao passo que a realidade é aquela parte dessa metáfora que sofre alterações a partir do nosso pensamento, independentemente dos sinais que provêm do ambiente. Há sempre alguma perda de informação na conformação tanto do real quanto da realidade pelo fato de dependerem dos processos perceptivos e cognitivos, que funcionam como filtros que selecionam as informações. Os filtros perceptivos atuam mais na representação dos fenômenos, postos no real, e os filtros cognitivos atuam em maior grau na interpretação do real, como realidade.

Nos parágrafos seguintes será apresentada uma discussão sobre alguns termos até agora aportados neste livro. Serão tomadas como exemplo a relação do Sol com a Terra e algumas explicações que foram historicamente dadas a essa relação. A intenção é organizar os diversos conceitos trabalhados anteriormente e, assim, esclarecer melhor as definições dadas aos vocábulos empregados.

O Sol aparece e some todos os dias e, até os humanos se darem conta disso, tal coisa era apenas um *fato*, portanto o fato existe apesar de o ser humano se dar conta dele. Quando os humanos finalmente se deram conta do fato de o Sol nascer todos os dias, o que era apenas um fato passou a ser um *fenômeno*, ou seja, o fenômeno é o fato revelado e, se formos repetir uma célebre frase de John Archibald Wheeler, poderemos dizer que "nenhum fenômeno é um fenômeno real até ser um fenômeno observado", portanto o fenômeno é o fato observado. Nesse caso, o Sol que aparece e some todos os dias, ao ser observado, é um fenômeno.

Ao observarmos um fenômeno, uma parte das informações, como vimos anteriormente, permanece *extra-mentis*, e a outra parte é apreendida e passa a acontecer *intra-mentis*. Explicando de outra forma, aquela parte que foi apreendida é introjetada como o real ou a realidade, e, portanto, tanto o real quanto a realidade são fenômenos intra-mentis que, como réplicas, mantêm, em maior ou menor grau, um vínculo com o fenômeno *extra-mentis*. Considerando que o aparecimento do Sol no horizonte torna-se um fenômeno ao ser observado, pode-se também considerar outras duas coisas: (1) que alguns elementos desse fenômeno são apreendidos pela mente do observador e (2) que cada um desses elementos intra-mentis terá sempre uma conexão com uma parte que se situa extra-mentis. Essa parte extra-mentis é responsável pela continuidade dos estímulos que nos chegam do fenômeno e nos mantêm, por meio do real e da realidade, em conexão com os fatos.

Cumpre observar, porém, que, sendo o fenômeno o fato extra-mentis observado, haverá somente algumas coincidências entre o mundo factual e o real introjetado, pois a apreensão dos fatos é deformada pelos filtros perceptivos do observador. Muito menos haverá uma correspondência exata entre o real e a realidade, esta segunda apenas uma interpretação que passa pelos filtros cognitivos. O paradoxo de Schrödinger, com o princípio da incerteza, ilustra bem a impossibilidade de entrarmos em contato com os fatos diretamente e aponta com veemência como os filtros do observador interferem na compreensão do mundo concreto, ou seja, na verdade, nunca observamos os fatos, mas os efeitos que eles provocam sobre sensores que os convertem em informação. Nesse sentido, fica claro que o que descrevemos do mundo não são os fatos, mas um estado dentro das infinitas possibilidades, mais ou menos como uma fotografia das coisas que se transformam, mudando o próprio estado continuamente, e que, em algum momento, são congeladas em uma configuração específica.

Alheias ao nosso desejo de permanência em um só estado, as coisas continuam a evolucionar sobre múltiplas possibilidades de estado. Apesar da constante evolução, ao observarmos novamente os fatos, estamos, na verdade, procurando aquela mesma configuração que já conhecemos, da forma como a encontramos um dia. Além de o paradoxo de Schrödinger nos dizer que no mundo factual há uma superposição de estados e que nos é dada a capacidade de ver somente um dos possíveis estados por vez, parece também apontar para o fato de que, com os instrumentos que temos hoje, somos incapazes de lidar cognitivamente com a simultaneidade dos estados probabilísticos das coisas, ainda que possamos perceber o todo, apresentado em diversas fotografias. O real, portanto, é uma fotografia de algo que está sempre evolvendo, e a imagem gerada mantém uma conexão de *caráter permanente* com algo localizado extra-mentis que, passando pelos nossos filtros sensoriais e cognitivos, de alguma forma é representado mentalmente *ipsis forma* e, a menos que modifiquemos os *inputs* que chegam do ambiente, o seu teor não é alterado, pois não conseguimos atribuir diferentes compreensões para o que foi representado no real.

No nosso exemplo, o lugar onde o Sol nasce, a variação da posição do Sol no horizonte, o percurso do Sol no céu, sua luz e tudo aquilo para o que não podemos dar outro significado, a menos que intervenhamos sobre o fenômeno, é real. Se quiséssemos alterar qualquer dos conteúdos mentais referentes a essa relação entre o Sol e a Terra, teríamos que interferir nos próprios mecanismos de funcionamento do fenômeno, por exemplo, alterar o eixo de rotação da Terra, obrigando o Sol a nascer em outra posição do céu. Existe uma parte em tudo isso que é representação mental, pois sabemos que amanhã o Sol nascerá e sabemos onde ele nascerá. Para sabermos sobre algo que ainda não ocorreu, é porque temos a tal coisa representada em nossa mente, portanto ou somos videntes e conseguimos prever o futuro, coisa improvável, ou temos uma representação mental de algo que, hoje, ainda é somente uma probabilidade. É por sabermos que esses elementos fixos só podem ser alterados se o fenômeno for alterado que temos uma certa garantia de que o Sol nascerá amanhã em uma determinada porção do horizonte, pois seria necessário uma força para nós muito extrema para mudar o estado dessas coisas, ou seja, o real não pode ser alterado ou modificado por nós.

A *realidade* e a *ficção* são também representações mentais, porém com uma conexão de *caráter lábil* com os elementos do fenômeno, pois, à diferença do real, seus elementos são alterados pelo comportamento lógico do observador, ou seja, a realidade e a ficção são movediças e dependem de como – e de onde – um observador interpreta o fenômeno que observa.

Voltando ao exemplo do Sol, podemos dar duas explicações distintas para o fato de ele aparecer sempre do mesmo lado do horizonte e sumir do lado oposto: (a) que ele *nasce* e *se move* de um lado ao outro do céu até se *esconder* do outro lado, enquanto estamos parados observando esse comportamento, ou (b) podemos dizer que a Terra está *girando sobre um eixo* e, assim, o Sol *aparece* e *desaparece* em função dessa rotação. Essas duas explicações são diferentes realidades compostas a partir dos mesmos elementos do fenômeno. Dependendo do ponto de vista que o observador assuma, podemos considerar as duas explicações coerentes. Por um período foi mais fácil explicar que o Sol girava em volta da Terra. A Terra era o elemento estático sobre o qual os corpos se moviam, fossem eles vivos ou não. Era a pedra que rolava sobre a Terra, o corpo que caminhava sobre a Terra, a água que descia morro abaixo e, mesmo quando era o terreno que vinha morro abaixo, era aquela parte da Terra que se havia desprendido da sua parte fixa. Por extensão, foi fácil pensar que a Terra era a parte fixa e o Sol era a parte móvel que girava em torno dela. Alguns iluminados, e não estou falando pela luz do Sol, em diversas ocasiões históricas e em diversos contextos, alargando o conhecimento sobre os fatos celestes, transformaram em fenômeno o que antes não era. Observaram não mais somente a estrita relação do Sol com a Terra, mas também as relações que ambos mantinham com outros corpos celestes. Eles perceberam que poderíamos dar outra interpretação para a relação do Sol com a Terra que tornava muito mais simples a explicação sobre o comportamento do restante dos astros. Eles notaram que poderíamos explicar com mais simplicidade todos os movimentos observados dos corpos celestes do sistema solar se assumíssemos que seria a Terra a girar em torno do Sol em um movimento de translação e que o efeito noite e dia era devido à rotação da Terra em torno do próprio eixo. Em um determinado momento, foi mais conveniente, por questões simbólicas ligadas à religião, que a explicação da relação entre a Terra e o Sol colocasse a Terra no centro de todo o universo. Em outro momento, a Ciência interpretou o fenômeno de forma mais fidedigna, indicando que inclusive nosso Sol gira em torno de um núcleo de uma galáxia que se afasta de tantas outras galáxias. Todas essas interpretações e sobreinterpretações são construções lábeis que podem ser modificadas até que uma nova forma de observar o fenômeno nos obrigue a uma mudança de opinião. Não se pode falar de erro, pois todas as proposições serão coerentes a depender do referencial que adotarmos para analisar cada interpretação. Pode-se afirmar categoricamente, porém, que imaginar o Sol que gira em torno de uma Terra fixa é a consequência de um pensamento cognitivamente muito mais limitado, com um resultado intelectivo imensamente mais simplório.

Por fim, real, realidade e ficção são um emaranhado sensorial e cognitivo produzido por uma mente interpretante que toma como base os elementos presentes em um fenômeno. Nesse emaranhado, existem *elementos fixos* mentalmente imutáveis (admitidos no real) e outros *elementos movediços* (organizados como realidade) que se constituíram a partir de uma interpretação do fenômeno.

É importante frisar, mais uma vez, que tanto os elementos que compõem o real como os elementos que foram organizados como realidade têm suas origens nos elementos que existem nos fenômenos e foram percebidos por uma mente. Os elementos processados como realidade, porém, ainda que estejam apoiados nos elementos presentes no fenômeno, sempre apresentarão um certo grau de imaginação. É, contudo, muito comum adotarmos a realidade como se ela fosse o real. A grande maioria das pessoas prefere viver no conforto de tratar a realidade como se fosse o real a ter de repensar todo o universo ou a ter de abalar um sistema religioso convenientemente construído ao longo dos séculos. Além disso, não terá que admitir a responsabilidade pela construção do próprio contexto em que vive, criando a própria realidade.

Realidade e ficção: duas faces da mesma moeda

Existem as *realidades* e existem as *ficções*. Um termo se opõe ao outro, mas não é pelo fato de o segundo ser imaginado e o primeiro não o ser. Ambas são situações imaginárias que se arrogam a função de complementar o significado que damos ao real. Esse, por sua vez, também ocorre na mente, porém, como visto no item anterior, é aquela parte sobre a qual não podemos diretamente interferir. A diferença que existe entre realidade e ficção, então, fica por conta do grau de correspondência e de pertinência que ambas as formas de interpretação têm com o fenômeno (e não importa o quanto ambas consigam manter o que podemos chamar de relações internas de coerência). Enquanto a realidade estabelece com o fenômeno a maior quantidade possível de relações de correspondência e de pertinência, a ficção mantém relações suficientes para que não haja um profundo distanciamento do fenômeno. Quando digo *um profundo distanciamento do fenômeno* é porque não há como haver uma ruptura completa com os eventos presentes no fenômeno. Se tal separação fosse possível, poderíamos distinguir claramente a realidade da ficção, dizendo que a realidade é o que mantém a conexão com o fenômeno e a ficção é tudo aquilo que não mantém tal conexão. Não há distinção nítida, com bordas delimitadas, facilmente inteligíveis, entre realidade e ficção. Ambas são o fenômeno interpretado, e cada interpretação se mostra mais ou menos realidade, mais ou menos ficção, colocando-se ao longo de uma linha na qual de um lado está a realidade e do outro está a ficção. Sobre essa linha podemos afixar no lado da realidade a seguinte informação: "uma maior fidedignidade com o fenômeno"; do outro lado da linha, junto à ficção, podemos afixar: "uma menor fidedignidade com o fenômeno". Por outro ponto de vista, podemos afixar também, junto à realidade, o termo: "menos inventiva" e, do outro lado da linha, junto à ficção, o termo: "mais inventiva". Eu preferiria colocar a questão de outra forma, dizendo que a realidade é composta de uma porção de *realidade concreta*, mais ligada ao fenômeno (e a isso chamo de realidade), e uma porção de *realidade ficcional*, menos ligada ao fenômeno (que chamo de ficção). Cada interpretação apresenta, portanto, uma proporção diferente das realidades concreta e ficcional

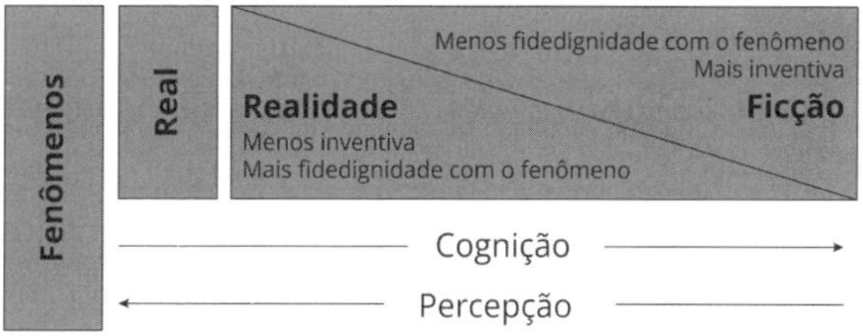

Figura 1.2 Modelo esquemático da percepção dos fenômenos e suas representações e interpretações.

Se considerarmos isoladamente os elementos presentes nas nossas interpretações, eles sempre terão alguma relação com algum elemento do fenômeno e, contemporaneamente, sempre se manifestarão com algum grau de invenção. Quando me refiro à relação de fidedignidade com o fenômeno, estou considerando o grau de correspondência e de coerência que existe entre as articulações dos elementos presentes no fenômeno e as correspondentes articulações dos elementos correlatos que estão presentes em nossas representações mentais. Por mais onírico que possa ser nosso pensamento, se considerarmos seus elementos individualmente, cada um deles terá sempre uma relação direta com algum elemento existente no mundo dos fenômenos. As nossas representações, como a imaginação, o sonho e a inventiva, mantêm, portanto, um forte vínculo dos elementos mentais com os elementos que existem como fenômeno. Conclui-se, portanto, que a distinção existente entre o sistema realidade-ficção, o real e o fenômeno acontece não nos elementos tomados isoladamente, mas na articulação que ocorre entre tais elementos. Observando em estratos, podemos dizer que no primeiro nível a articulação que existe entre os elementos do real combina quase perfeitamente com a articulação observada entre os elementos que existem no fenômeno, havendo pouca distorção entre o real e o que foi apreendido do fenômeno devido a nossos filtros sensoriais e cognitivos. É como se o real fosse uma metáfora mental do fenômeno, um modelo de funcionamento dos eventos da forma como eles se apresentam. Já o sistema realidade-ficção apresenta algumas distorções mais profundas provocadas por nossa interpretação. Ainda que a realidade e a ficção tenham uma grande correlação com o fenômeno, não se conformam perfeitamente sobre ele e, antes de serem metáforas do fenômeno, são uma metáfora do real, ou seja, uma metáfora da metáfora. Realidade e ficção se afastam do real pelas distorções introduzidas pela interpretação, mas, mesmo assim, ainda mantêm uma relação de proximidade por semelhança com o real e, consequentemente, com o fenômeno. Realidade e ficção, portanto, se configuram como um modelo de funcionamento do modo como acreditamos – ou preferimos acreditar – que eles se apresentem. Enquanto a realidade é um modelo bem próximo do real – mesmo que de forma elástica, está ligada intensamente a ele –, a ficção é um modelo mais distante do real, e sua ligação com ele é bem mais friável. Podemos resumir dizendo que se as metáforas do real se apresentam com um maior grau de fidedignidade, tais metáforas estarão mais próximas da realidade. Se, no entanto, há um baixo grau de fidedignidade, essas metáforas estarão, então, mais próximas das ficções.

Nada disso, porém, talvez faça sentido se considerarmos o quanto se tem dito acerca da *teoria Matrix*.[3] Para quem não conhece o mito da caverna de Platão, ele diz que estamos acorrentados em uma caverna, condenados a olhar para o fundo dela, e o único contato que mantemos com o real são as imagens projetadas em sombra nas suas paredes. Assim, somos levados a crer que tudo o que existe são as sombras que vemos refletidas nesse fundo de caverna, ignaros do mundo real externo. A teoria Matrix, um pouco mais resoluta, sustenta que nós mesmos somos apenas as sombras e vivemos em um mundo simulado, projetados por uma espécie de superconsciência externa a nós. Nesse caso, somos apenas uma projeção que obedece aos padrões definidos por essa entidade externa e somos levados a crer que vivemos no *real-base*, enquanto podemos estar vivendo, de fato, em um dos milhões de desdobramentos possíveis da realidade. Em 1991, é preciso lembrar, Daniel Dennett já avisava que, para recriar um mundo com o mesmo grau de precisão que temos no nosso, seria necessário mais capacidade de armazenamento e processamento de informação do que dispomos em todo o universo conhecido (Dennett, 1991). O experimento mental do gato proposto por Schrödinger pode ser um indicativo de uma outra possibilidade, pois, aparentemente, o que determina se o gato está morto ou se está vivo é o olhar do observador. Com relação a isso, emergem duas ponderações entrelaçadas: ou estamos constantemente sendo observados por um observador

3 Há um vídeo muito interessante sobre o assunto em https://youtu.be/FAEu-5jystNA.

externo que nos mantém fixos em uma só posição existencial, ou existe uma cópia de tudo o que nós somos, em algum lugar, em posição antônima à nossa. De qualquer forma, a menos que existam de fato dimensões paralelas que não conhecemos, com ou sem observadores, e que seja possível alimentar esta nossa dimensão com capacidade de armazenamento e processamento de informação, a argumentação de que vivemos em uma realidade simulada não procede. Mesmo se considerássemos que a realidade pudesse ser instituída sem a participação da própria mente, não haveria capacidade material de processamento no nosso universo conhecido para criar um mundo simulado.

Realidade e ficção: um sistema regulador do Real

Alguém, amante de uma lógica produtiva, poderá querer dizer que a *realidade* é benéfica, pois ela se aproxima da verdade, enquanto a *ficção* é nociva, uma vez que se parece com o falso. A resposta que podemos dar é que criar novas articulações entre os elementos presentes no nosso sistema realidade-ficção, em vez de observar exclusivamente as articulações que existem entre os elementos estabelecidos no real, é o que nos permite avançar no conhecimento, visto que essas novas relações que imaginamos existir são as hipóteses que nos colocam em condições de alargar nosso conhecimento. Explicando de outra forma, podemos dizer que alimentamos o nosso pensamento a partir das representações existentes ou no real ou no sistema realidade-ficção. O real é aquela parte de representações fixas que não podemos modificar, a menos que modifiquemos os *inputs* provenientes do ambiente. O sistema realidade-ficção é, em contrapartida, o palco da construção das hipóteses. Se usássemos somente os elementos presentes no real e se nossas representações espelhassem somente o real, não teríamos invenção alguma, apenas descobertas fortuitas e constatações permanentes. A invenção ocorre quando podemos alterar as relações entre os elementos presentes no nosso sistema realidade-ficção (visto que não há possibilidade de intervir cognitivamente sobre o real) para, depois, verificarmos se tais situações são plausíveis como fenômeno. Por vezes, nossa realidade – ou nossa ficção – poderá coincidir quase completamente com um fenômeno. Outras vezes, no entanto, o sistema realidade-ficção pode conservar apenas uma reduzida correspondência com o fenômeno. O sistema realidade-ficção é uma construção interpretativa feita por uma mente que ressignifica, mediada por hipóteses, porém, cada interpretação do real se apresenta como uma variante distinta do fenômeno que lhe serviu de base, ou seja, as hipóteses podem mudar quando muda a percepção do fenômeno. As representações reconhecíveis no plano dos fenômenos são chamadas de realidade; aquelas pouco ou nada reconhecíveis no plano dos fenômenos são chamadas de ficção. Existe, portanto, uma gradação contínua entre as representações mais correspondentes e as menos correspondentes ao real. As representações menos correspondentes ao real podem estar de tal forma afastadas dele que podem mesmo não ser identificadas no fenômeno que as originaram, sendo então chamadas de invenção. Portanto, quanto mais próximo da ficção, mais inventiva.

Essa capacidade dos seres humanos de ressignificar o mundo de acordo com esquemas próprios implica uma importante consequência: ao sermos capazes de criar um modelo imaginário (hipotético), esse nos servirá de parâmetro para lidar com aquilo que está presente no plano dos fatos e que ainda não conhecemos. As ressignificações podem, então, encontrar – ou não encontrar – uma correspondência no plano dos fenômenos. Quando as ressignificações não encontram essa correspondência (e dizemos que a hipótese foi refutada), pode ser devido à inexistência de fatos que nos estimulem a percepção como fenômeno ou pode ser por causa da falta de instrumentos para perceber os fatos e trazê-los para o plano dos fenômenos. De qualquer forma, a hipotisação da existência de algo nos permite intervir em nossos filtros sensoriais (usando aparelhos, por exemplo) e cognitivos (criando novas conexões sinápticas) para entrar em contato com os fatos desconhecidos e transformá-los em novos fenômenos a serem explicados por meio de novas interpretações.

Tendo a narrativa de um novelista em mente, podemos dizer que fazer uso da ficção é, sem dúvida alguma, um ato que valoriza o trabalho que ele realiza. E, de forma semelhante, um inventor ou investigador científico depende da construção ficcional para estabelecer um parâmetro de investigação a ser atuado no plano dos fatos. Em uma situação contrária, o relator de um processo judicial deve evitar, a todo custo, o uso da ficção na sua narrativa, uma vez que se está procurando encontrar os fatos da forma como eles ocorreram no mundo concreto dos fenômenos, mesmo sabendo que os fenômenos emergem na observação dos fatos.

Realidade e ficção: há sempre uma dose de invenção

Os fenômenos que ocorrem no mundo dos fatos alimentam a nossa construção do real. Por sua vez, o real alimenta a nossa construção da realidade ou da ficção, ou seja, estamos sempre ancorados no real para construir a realidade e a ficção. Os elementos que observamos podem ser os mesmos – uma cena bem escura na qual se vê, em uma fotografia, uma pessoa sentada à mesa, segurando uma xícara de café que está sendo levada à boca e um relógio que está marcando 9h (da manhã?) –, no entanto, posso dar a essa cena inúmeras interpretações diferentes: posso dizer que se trata de uma pessoa tomando um café pela manhã antes de sair de casa para ir ao trabalho ou posso dizer que se trata de um provador de café que está no seu local de trabalho, diante de sua mesa de degustação (Fig. 1.3).

Figura 1.3 Entre o fenômeno e sua representação. O que é real e o que está no plano do sistema realidade-ficção?

Quando criamos um modelo correspondente ao real, estamos construindo uma realidade; o contrário disso ocorre quando ideamos uma narrativa para buscar uma correspondência no real que se assemelhe à nossa narrativa. Assim, estamos criando novas relações que não estão necessariamente presentes no fenômeno, estamos estabelecendo novas relações entre os elementos representados na nossa mente, então estamos construindo uma ficção. Por esse viés, nenhuma das duas histórias, o consumo ou a degustação de um café, é exclusivamente "realidade" no sentido de se aproximarem do real, afinal, ambas apresentam uma boa dose de "ficção". A ideia de uma pessoa estar tomando um café antes de sair de casa para ir ao trabalho, contudo, se aproxima mais da realidade por ser uma proposta mais crível que a história do degustador, afinal, em uma degustação de café, muito dificilmente alguém estaria levando à boca uma xícara normal, sem contar o fato de ser muito mais improvável que tal evento ocorra. Esse exemplo nos serve para discutir também o papel do aprendizado prático e do repertório na semiose, pois saber que um degustador normalmente não usaria uma xícara normal de café faz muita diferença para a nossa chave de leitura da imagem, mesmo que as duas histórias tenham alguma probabilidade de serem verdadeiras.

Distinguindo realidade de ficção

A *realidade* emerge quando elaboramos o real de forma compreensível. Construímos a realidade para poder lidar com o real de forma objetiva e pragmática, pois é onde desempenhamos a nossa existência. Podemos identificar, à primeira vista, duas funções para a realidade: (1) por um lado, a realidade é um modelo confortável e cognitivamente mais fácil de operar do que o real e, por pretender ser um reducionismo útil dele, busca a melhor correspondência possível com ele; (2) por outro lado, a realidade ameniza a dureza do real, pois, sendo uma elaboração mental, consegue evitar ao máximo o incômodo que o real nos provoca. Nesse sentido, a realidade quer se afastar pelo menos daquela parte do real que nos incomoda. A realidade, então, se comporta, em ambos os casos, como um agente mediador entre o que eu consigo (cognitiva e emocionalmente) apreender do real e o que eu devo manter do real para não perder o sentido de pertencimento, além disso, permite que eu expresse a interpretação do real com uma dose de ficção, típica da abdução na semiose. A ficção serve menos às práticas objetivas do ser humano. Pode, no entanto, ter outros dois propósitos igualmente importantes: (1) tornar mais fácil nossa procura no real por relações hipotéticas; e (2) dar-nos a possibilidade de reorganizar o mundo concreto com base em nossos pensamentos. No primeiro caso, formulamos hipóteses para nos guiar na exploração tanto no plano dos fatos quanto no plano dos fenômenos, antevendo os elementos e as relações que ainda não tenham sido vistos – ou que jamais serão vistos, pois, sendo hipóteses, podem simplesmente não existir como fato ou fenômeno. As hipóteses nos levam, de qualquer forma, a um conhecimento mais profundo do real, visto que nos obrigam a explorá-lo. No segundo caso, sabendo que a estruturação do nosso pensamento ocorre somente ancorado naquilo que está presente no real; sabendo que nossos processos inferenciais são desencadeados por elementos externos; sabendo também que cada elemento do real foi, em um dado momento, introjetado como representação imponderável e inalterável de um fenômeno concreto; e, por fim, sabendo que somos capazes de lidar com elementos puramente mentais como se eles existissem no mundo real ou fossem fatos concretos, conclui-se que, quando criamos um *evento ficcional*, mesmo que se busquem referências no real e se espelhe no mundo dos fenômenos, esse evento ideado nunca concordará plenamente com o real ou com o fenômeno que o inspirou. Desse modo, nos dois casos a ficção pode atuar como um agente regulador das nossas intervenções sobre o plano fenomenológico e são capazes de mediar nossas transformações dos fatos em fenômenos. A partir da ficção que criamos podemos tocar os elementos e suas relações que estão presentes no plano dos fatos ou dos fenômenos, alterando sua representação à imagem daquilo que foi ideado. Em outras palavras, quando criamos relações hipotéticas em nosso pensamento, é possível reconhecer no mundo dos fatos ou dos fenômenos uma situação semelhante àquela imaginada e, assim, podemos identificar novos elementos que correspondam àquela ideia ou podemos estabelecer novas relações entre os elementos já conhecidos. Se acontecer de novos elementos e/ou novas relações serem reconhecidos, então teremos que alterar também a representação deles no real (pode ser, no entanto, que nada seja descoberto e, nesse caso, não há alteração no plano do real). Consequentemente, essas mudanças que somos obrigados a fazer na nossa representação do real o levam a assumir as feições daquilo que imaginamos como modelo ficcional (nossas hipóteses). Essas novas representações são a reelaboração compulsória do real à imagem e semelhança daquilo que foi concebido como hipótese e impelirão a nossa imaginação a gerar novas realidades e novas ficções que respondam – e correspondam – às mudanças que foram idealizadas e postas em ato. Essas alterações no esquema de representações do sistema realidade-ficção irão estimular novas construções ficcionais. Podemos dizer que a realidade é uma metáfora reduzida que criamos para mediar nossas práticas de vida com o real, de maneira amena e facilitada, enquanto ficção é uma suposta metáfora do real que usamos como instrumento regulador das nossas intervenções sobre a representação do real e das nossas interações com o mundo dos fenômenos. Em tal sentido, temos um instrumento regulador que é capaz de lidar tanto com a representação sensível do objeto (imagem) como com a sua interpretação, ou seja, com a representação mental do objeto (ideia). Não podemos deixar, então, de mencionar Umberto Eco (1994, p. 160), que, na sua compreensão sobre a distinção entre realidade e ficção, diz que a ficção narrativa pode ser mais verdadeira do que a realidade (ou talvez ele tenha usado a palavra *verdade*). Eco (2011) faz, então, uma consideração sobre os resultados estéticos dizendo que podemos nos deixar levar por um discurso esteticamente bem construído que substituirá a dimensão *alética*. Ele explica:

> *um leitor pode muito bem saber que Madame Bovary nunca existiu e ainda assim apreciar o modo como Flaubert constrói seu personagem. Mas aqui a dimensão estética nos remete por oposição à dimensão "alética" (que*

> *tem a ver com aquela noção de verdade compartilhada por lógicos, cientistas ou por juízes que no tribunal devem decidir se uma testemunha contou ou não como as coisas realmente aconteceram). São duas dimensões diferentes: primeiro, pobre do juiz que se deixar levar por um culpado que narra esteticamente bem a sua mentira; segundo, eu estava lidando com a dimensão alética, tanto é que minha reflexão nasceu dentro de um discurso sobre o falso e a mentira. É falso dizer que uma das loções da Vanna Marchi [dona de um programa de televendas, condenada por falência fraudulenta] faz crescer o cabelo? É falso. É falso dizer que Don Abbondio [um personagem do romance* Os noivos, *de Manzoni] conhece duas ótimas pessoas? Do ponto de vista alético, sim, mas o narrador do romance não quer nos convencer de que está contando uma verdade, quer, sim, fingir que se trata de uma verdade e nos pede para fingir também. Ele nos pede, como recomendou Coleridge, para "suspender a incredulidade". (Eco, 2011)*

O autor conclui dizendo que sabemos que Madame Bovary nunca existiu, mas existiram tantas mulheres como ela, e talvez haja algo dela em nós mesmos. Por isso somos capazes de extrair uma lição de vida que recai sobre nós. Diz ainda que os antigos gregos acreditavam que a história de Édipo tinha ocorrido de fato e que Freud, apesar de saber que não tinha ocorrido, leu a história em correlação com aquilo que ocorre em nosso inconsciente. Os leitores que não são capazes de distinguir realidade de ficção estão tão preocupados em tomar as coisas ao pé da letra que não conseguem perceber a dimensão estética, ficam presos na dimensão alética e "não se perguntam se a história está bem ou mal contada; não procuram extrair ensinamentos; não se identificam minimamente com os personagens e, portanto, lhes escapam todas as outras questões éticas e morais".

Por uma síntese

As questões apresentadas – ver a seção "Real e realidade" deste capítulo – estão todas relacionadas ao que podemos chamar de *natureza das linguagens*. Trata-se das relações estáticas entre os elementos que se podem perceber durante a observação da arquitetura da linguagem, e cuida-se daqueles aspectos – com a licença de usar alguns neologismos – que poderíamos chamar de *intracomunicativos*, ou seja, das fases de aquisição e processamento de informação que acontecem antes que sejamos capazes de devolvê-las em forma de *exocomunicação*, ou seja, na forma daquilo que conhecemos e chamamos simplesmente de comunicação.

Para lidar com os elementos dinâmicos da comunicação, que podemos chamar de *comportamento das linguagens* e que definem os aspectos existencialistas que os indivíduos são capazes de perceber, foi necessário recorrer também a outra fonte de estudo diferente da semiótica. A psicanálise apresenta um conjunto teórico capaz de lidar com tais questões. O *nó borromeano*, mencionado no próximo capítulo, mostra como a psicanálise entende a indissociabilidade entre os elementos de linguagem e, visto que o próprio indivíduo é estruturado como linguagem, não importa separar o que é elemento intracomunicativo e o que é exocomunicativo, pois o interno e o externo assumem uma dimensão de troca dinâmica.

2. Real, simbólico, imaginário

Antes de entrarmos na explicação do que são os três registros presentes no discurso lacaniano, gostaria de advertir o leitor para ter cuidado ao tentar relacioná-los com a tricotomia do signo semiótico – primeiridade, secundidade e terceiridade – proposta por Peirce (1931-1935, 1958). Além da indissociabilidade que existe entre os três elementos presentes em cada uma das tríades; além de haver um certo caráter indecifrável que aproxima as duas concepções; além de alguns outros pouquíssimos aspectos que coincidem na organização estrutural de ambas as tríades, quase mais nada apresenta correspondência... talvez algo que está presente no real psicanalítico e também está presente na primeiridade, e só; portanto, o real-simbólico-imaginário (RSI) não se confunde em quase nada com a tríade semiótica de Peirce. Enquanto a semiótica apresenta cada um dos elementos de sua tríade como estádio ou instância, querendo indicar que cada elemento representa um determinado momento no desenvolvimento de algum processo; Lacan, no seu seminário de 1953, apresenta essa tríade sob o enquadramento de *registros* e, provavelmente, o termo registro foi adotado pelo significado de notação, assinalação, escritura que comporta, referindo-se tanto ao suporte de escritura quanto do ato performático de escrever. Este pode ser, com um pouco de benevolência, outro ponto em comum entre as duas concepções: ambas dão conta de entender o processo de significação tanto pelo aspecto estático como pelo dinâmico.

Lacan precisou de uma vida inteira de trabalho para entender que há uma articulação entre os registros (RSI) e que há uma indissociabilidade de um registro com relação aos demais, porém não os esclarece completamente, deixando muito claro que há uma natureza enigmática nessa correlação. Nas palavras de Clavurier (2013), esses três registros para Lacan são a base constitutiva da *realidade* humana que explicita a localização do sujeito. Recalcati (2013) confirma que, do ponto de vista lacaniano, é a partir da tríade RSI que o sujeito estrutura sua realidade. A linguagem é a estrutura sobre a qual os três registros vão se apoiar para estabelecer relações que irão provocar a realidade para um sujeito. Assinalo, desde agora, que, para a psicanálise, pelo menos aquela de Lacan, nada antecede à linguagem. Até mesmo o real se apoia sobre a estrutura da linguagem e não o contrário. Isso nos dá uma dimensão da psicanálise como de base estruturalista, no entanto, a psicanálise é também existencialista quando considera que é o sujeito quem estabelece as relações entre os registros por meio da sua experiência concreta.

Na noção psicanalítica, apesar de o sujeito estar atrelado a uma estrutura, ele se encontra sozinho diante do vazio universal sobre o qual projeta seus valores individuais. A imagem gerada por essa projeção idiossincrásica é reintrojetada, incidindo, assim, na formação de um sujeito único. A ideia de um sujeito único é contraditoriamente decorrente dos processos de identificação praticados por esse sujeito na formação da própria identidade. Digo contraditoriamente porque no processo de identificação o sujeito busca as semelhanças que o mundo exterior tem com ele mesmo (dito na etimologia da palavra, busca a própria identidade), mais ou menos como se buscasse sua própria imagem em um espelho. Ele pode ou não reconhecer as semelhanças entre ele e a imagem, mas, uma vez reconhecidas, pode ou não querer identificar-se com elas. Ao se identificar, porém, ele ainda pode decidir entre assimilá-las ou rejeitá-las. O conjunto das escolhas sobre o que aceitar ou rejeitar, uma vez que cada sujeito só pode viver a própria vida, determina com absoluta exclusividade a própria identidade. Mas por que coloco a questão da identidade como importante para o entendimento do signo e o que isso tem a ver com o real, o simbólico e o imaginário? Neste ponto, tenho que explicar duas coisas: o que é identidade e o que ela tem a ver com o sistema RSI.

Foi em 1923 que Freud elaborou o conceito de identidade, tomando como base as projeções feitas pelo sujeito sobre o próprio futuro existencial. Lacan (1975/1996) explica que Freud entende a formação do eu a partir de "uma sucessão de identificações com objetos amados" que permitem ao sujeito "tomar a sua forma". Freud descreve o eu como um objeto feito de diversas camadas, como uma cebola, resultado de cada uma das sobreposições de identificações que o sujeito construiu ao longo de sua existência. A diferença é que, despindo o eu, camada após camada, não será encontrado nenhum cerne, nenhum núcleo. Antes da identificação existe apenas um continuum entre a percepção de mim e a percepção daquilo que está no meu entorno; uma indiferenciação entre o eu e o que não sou eu. Em um momento subsequente há, porém, uma transitividade entre o eu e aquilo que não sou eu, desencadeada por um processo de reconhecimento da distinção entre mim e a imagem que eu contemplo. Por fim, no exato instante em que me identifico com algo, da mesma forma como identifico minha própria imagem no espelho, entendo, paralelamente, que aquilo com o que me identifico não sou eu. A minha imagem no espelho não sou eu. Há, nesse instante, uma profunda separação entre o que eu sou e a imagem que serviu para eu estabelecer a minha identidade, pois reconhecer que algo tem uma relação de identidade comigo é reconhecer, também, que aquilo não faz parte de mim. Identificar-se é, portanto, alienar-se. A identidade não é, porém, um estado estático do sujeito representado por uma imagem, mas um processo dinâmico que se transforma em novas construções identitárias o tempo todo. Para evitar essas constantes mudanças, o sujeito busca o conforto da fixação da imagem e, então, a alienação assume a consistência de uma cristalização que o aprisiona e o congela. A cristalização é o que passa pela transformação do imaginário em simbólico.

Enquanto o imaginário está relacionado com a identificação, que, ao mesmo tempo que une, separa o sujeito dos objetos, o simbólico é a interpretação que o sujeito dá aos objetos, procurando estabelecer, com certa fixidez, um significado para o mundo imaginário. O simbólico e o real psicanalítico são muito distintos do simbólico e do real semiótico. Enquanto o simbólico semiótico é um mediador entre o objeto e sua representação, o simbólico psicanalítico, ao mesmo tempo que se refere à aquisição mental em substituição a um objeto (aproximando-se da noção de signo para a semiótica), refere-se também à significação desse objeto. Enquanto o real semiótico é simbolizável, para a psicanálise o real é tudo aquilo que não pode ser simbolizado, que permanece como algo fora do domínio da representação e que existe apenas no plano do sensível, jamais tornado consciente.

Para a psicanálise o signo é estabelecido a partir da relação entre significante e significado, e no processo psicanalítico de significação é necessário que se vinculem pelo menos dois significantes. É o sujeito quem, por meio da sua identidade, faz as escolhas que concatenam os significantes. Lacan traz da linguística a ideia de que o signo é a relação estabelecida entre significante e significado. Ao admitirmos isso, podemos dizer que os signos estão apoiados no sistema RSI e determinam uma posição topológica para o sujeito, uma localização que define a sua identidade. É preciso dizer ao leitor que o registro RSI não determina a localização do sujeito, mas é onde a localização do sujeito ocorre. Podemos dizer que Lacan importou de Freud a ideia de que tais registros são um entendimento artificioso para que possamos falar do lugar do sujeito. O sujeito, porém, não habita em nenhum desses registros individualmente, mas sua localização é evidenciada pela conjugação das três instâncias. Essa localização, que nada tem a ver com um lugar físico, é chamada por Freud de tópica e, sem dúvida, é uma localização dinâmica e praticada. Poderíamos entrar na complexa explicação sobre o *nó borromeano* proposta por Lacan (1973) e posteriormente expandida por Milner (1995), mas o que nos interessa neste livro é entender o que são esses três registros e como eles se definem mutuamente, de forma indissociável.

O imaginário

Faço, então, um caminho inverso à sequência exposta no título, partindo do imaginário. Temos de ter em mente que estamos tratando a questão da imagem por dois vieses. O primeiro viés está relacionado ao homem como animal e à relação que este tem com o outro: a expressão de alegria manifestada pelo sorriso de alguém, a expressão de tristeza, a proximidade e a distância física, a face e o corpo do outro ou o simples reconhecimento de formas e objetos. O ser humano, nessa dimensão, tem a predisposição para captar certas imagens provenientes do ambiente e de tudo que é alheio a ele. O segundo viés está relacionado ao reconhecimento da imagem pela linguagem. Aqui podemos aportar a situação do reconhecimento da própria imagem no espelho e da alienação que esse reconhecimento provoca. Sobre isso, Recalcati diz que é sempre dramática a primeira vez que uma criança se reconhece em uma imagem no espelho. Essa criança entra em conflito, pois, ao mesmo tempo que identifica a si própria, aquela criança que está lá refletida não é ela, mas uma imagem, uma outra de si mesma que ela reconhece e da qual, portanto, se aliena. Essa criança buscará no rosto dos adultos a confirmação de que aquela pessoa refletida no espelho é ela. Esse se tornará um artifício padrão na sua constituição do eu. A criança aprenderá e levará para toda a sua vida o procedimento de buscar no outro a confirmação daquilo que ela mesma é. Esse outro, porém, não é o outro concreto que está no mundo. É um Outro que na psicanálise se escreve com a letra *o* maiúscula, pois é um Outro que apenas imaginamos existir. Essa construção mental daquilo que não sou eu, mas que uso como distinção de mim mesmo, é um produto imaginário. É por isso que a identidade está, como diz Recalcati, relacionada ao imaginário. Greco (2011) diz que o sujeito jamais apreende a si mesmo, a não ser sob a forma do seu eu, estritamente dependente do Outro especular, que constitui sua identidade. O autor diz que devido a isso "a relação que o sujeito mantém consigo mesmo e com os outros (seus objetos) permanece sempre mediada pelo eixo Imaginário". O imaginário é, então, fundamental no processo de construção de uma identidade do sujeito e, se essa construção da identidade é alienante, o próprio imaginário é fator de alienação do sujeito. É necessário que o sujeito entre em contato com a imagem em sua fisicidade. Essa imagem é concreta. Todo o imaginário nasce, portanto, do material, do corpo, do tangível, e somente a partir disso se desencadeia a delimitação – mais imagética que imaginária – que separa o sujeito daquilo que não é ele. Seja por um caminho, considerando que o sujeito constitui o imaginário a partir de uma relação objetual, ou por outro, considerando que o sujeito constitui o imaginário pela linguagem, o fato é que se trata de uma relação que acontece em um sistema dual. Essa dualidade é estabelecida com um outro ou consigo mesmo, em outras palavras, é necessário que alguma coisa diferente do sujeito exista para que a imagem seja formada. Não há muita distinção entre o que ocorre quando se relaciona com objetos ou se relaciona com outros seres, mas, no caso de lidar com outro ser humano, o sujeito pressupõe, de forma ilusória, que o que ele pensa e fala vai ser entendido pelo outro, da mesma forma que ele mesmo foi capaz de entender a própria imagem no espelho. Essa é uma visão do outro alienada pela própria visão. É, pois, comum que o sujeito passe a buscar essa relação empática com o outro, gerando uma expectativa de entendimento que Lacan diz estar no registro do imaginário. Tendemos, portanto, a imaginar que aquilo que somos capazes de entender o outro também entenderá e entenderá da mesma forma que nós entendemos. Apesar de frequentemente buscarmos uma relação de identificação e de projetar sobre o outro a imagem que construímos a partir de nós mesmos, a correspondência nem sempre se verifica. Quando as relações de simetria e de reciprocidade não ocorrem e a correspondência não se dá, instaura-se o estranhamento. Diante do estranhamento, a reação mais frequente – ou pelo menos aquela mais imediata – é a rejeição, em oposição à sensação de empatia. Estando no campo do imaginário, e ao entrar em contato com aquilo que é diferente de mim, é comum que eu reaja agressivamente, que eu imagine que o diferente de mim seja algo que se opõe à minha existência.

O simbólico

Talvez o registro simbólico seja o mais difícil de acertar em uma explicação. Temos que partir de dois pressupostos desconfortáveis:

um que sustenta que a linguagem precede tudo e outro que afirma sermos, *a priori*, seres falantes (Lacan, 1953). Mas o que significa ser um organismo falante? O que é efetivamente a fala? Em que sentido a linguagem precede tudo? As tentativas de responder a essas perguntas, na maior parte das vezes, não respondem a nada e abrem espaço para tantas outras perguntas. Em outras palavras, não temos uma definição que consiga delimitar bem o que é o ser falante ou o que é a linguagem. É comum formularmos respostas tautológicas para essas questões, como dizer que *a linguagem é aquilo que usamos para falar e nos comunicar*, ou, ainda, dizer que *a fala é o uso do aparelho fonador para nos expressar*. Essas respostas não explicam nada, pois continuamos sem saber o que é *fala* e o que é *linguagem* e, consequentemente, não conseguimos definir o que é o *registro simbólico*. A prova de que muito pouco é esclarecido nessas duas frases está no fato de que, se invertermos os termos, ficaremos praticamente na mesma situação de compreensão de antes. Dizer, por exemplo, que *ao falar e nos comunicar ativamos os mecanismos da linguagem* ou, ainda, dizer que *o aparelho fonador nos permite falar* somente alteram o referencial de causa e efeito e não contribuem para melhorar a nossa compreensão sobre as questões postas.

A compreensão sobre o registro simbólico acaba, dessa forma, sendo adquirida não a partir do entendimento de suas características ou propriedades intrínsecas, mas a partir dos mecanismos operativos que são ativados durante o processo de simbolização. Mesmo esses mecanismos envolvidos no processo de simbolização, cujos elementos podem ser apresentados como imanências, muitas vezes são tratados de forma enigmática e obscura. Quais são esses mecanismos? A representação, ou seja, a aquisição mental em substituição ao objeto; e a significação, que é a instituição de um sentido que confere um enunciado à representação. Para a psicanálise os dois mecanismos se apoiam em dois elementos que constituem uma díade: o significante e o significado. Para a semiótica, esses mecanismos se apoiam em uma tríade: o objeto (que, em um certo sentido, pode ser equiparado ao significante), o signo e o interpretante (que poderíamos relacionar com o significado, pois somente este último assume um valor simbólico). No processo de simbolização devem-se observar, então, os elementos (significantes e significados) e os mecanismos envolvidos (representação e significação). Neste item, tomamos em consideração a díade psicanalítica, relação entre significante e significado, que será mais bem explicada no Capítulo 3, "Significante e significado: o signo para Lacan". A tríade semiótica será observada no Capítulo 4, "Triângulo semiótico: o signo para Peirce", por conter particularidades distintas.

O real psicanalítico

Existe um momento delicado no processo de aquisição do real que é aquele no qual a coisa deixa de ser externa a nós e passa a ser interna. Quanto a isso, há uma divergência entre o que diz a psicanálise e o que estou procurando estruturar neste livro por meio da semiótica. Alguns mecanismos que descrevo mais adiante são decodificados por Freud, e todos concorrem para localizar o real psicanalítico como algo que permanece imóvel e sobre o qual não temos nenhuma influência. É nesse ponto precisamente que o real psicanalítico coincide com o real semiótico presente na primeiridade, mas a correlação termina aqui. Também para a psicanálise é importante distinguir a realidade do real, porém, vendo por esse lado, a realidade é referida como um conjunto harmônico entre os elementos presentes no simbólico e no imaginário e está prenha de sentido, enquanto o real, em si, não tem qualquer sentido. A divergência que se apresenta está no conceito que fundamenta a psicanálise, que não coincide plenamente com os fundamentos da semiótica. Enquanto o real psicanalítico se aproxima muito mais do fato que do fenômeno, o real semiótico acontece já na superfície do fenômeno, já atravessando o campo das significações e já apresentando um sentido (veja a Fig. 1.1). A psicanálise, no entanto, dá conta de entender que há alguma coisa para além do que eu conheço, enquanto, para a semiótica, se eu não conheço, não existe.

Ambas as correntes de pensamento concordam, porém, que, ao darmos um nome a algo que se situa no real, automaticamente ele deixa de existir no real. Mesmo que mantenha um forte vínculo com ele, no caso da psicanálise, assim que entra em contato com a linguagem, é no simbólico e no imaginário que passará a residir, ao passo que, no caso da semiótica, dir-se-á que está no campo da realidade. O real psicanalítico, portanto, é tudo aquilo que não pode ser apreendido, não pode ser pensado e tanto menos pode ser nomeado; é tudo o que existe para além do sujeito, e que permanece apesar dele, quando ele experiencia algum evento. Assim, a psicanálise é mais precisa quando identifica que em um evento existem alguns fatos que sentimos e os apreendemos por meio da simbolização e existem outros fatos que sentimos, mas somos incapazes de simbolizar. Estes permanecem no campo do sensível, sem que haja palavras para descrevê-los. Não pretendo explicar em um parágrafo a complexidade com a qual foram destrinchados os mecanismos apresentados por Freud para lidar com o real, pois a intenção é somente mostrar que esses mecanismos cooperam para sinalizar a presença do real como algo muito próximo ao que antes chamei de fatos. O primeiro mecanismo descrito é o *trauma*, e Freud entende como trauma tudo aquilo que nos provoca um impacto independentemente de nossa vontade, como um evento compulsório que entra em nossas vidas. O trauma é um encontro marcante com algo que está no real e, ao mesmo tempo, é aquilo que nos golpeia, deixando um sentimento de desamparo;

é, também, um porto seguro onde atracamos para construir nossa subjetividade. O segundo mecanismo é o *sintoma* e, por mais plástico que este possa parecer – pois o sintoma pode mudar de lugar como acontece em um corpo, por exemplo –, haverá sempre uma parte de sua natureza que é imutável e não podemos controlar, que permanece rígida. O terceiro mecanismo é referente à *interpretação dos sonhos*, quando o trabalho psicanalítico busca estimular o discurso do sujeito para que a partir do próprio sonho ele faça livres associações. Essas livres associações tornam-se cada vez mais rarefeitas até o ponto em que o sujeito não consegue mais avançar, como se estivesse diante de um muro que o impede de prosseguir. Isso denota que as palavras e as representações têm um limite, e Freud chama essa espécie de ponto final de umbigo dos sonhos. O quarto mecanismo é a *repetição*, quando, por mais variado que possa parecer o discurso de alguém, na verdade ele sempre volta a uma mesma fala, cobrindo com diferentes revestimentos uma mesma constituição rígida que serve de base, isto é, o discurso se apresenta diferente, com diferentes elementos, mas estes apenas reproduzem aquilo que já esteve presente em falas anteriores. Freud diz que essa é uma tentativa de reencontrar uma satisfação experimentada anteriormente ou de reelaborar algo que ficou suspenso no passado e que vaga em busca de uma solução. Uma tentativa de relembrar algo que foi escondido, recalcado pelo indivíduo e que permaneceu no real sem jamais entrar para a realidade (simbólico e imaginário). Todos esses mecanismos apresentam uma parte fixa que corresponde, nas palavras de Freud, ao real. O real psicanalítico é algo que permanece imutável e fora do processo de significação: inexprimível e inimaginável.

Lacan se concentra sobretudo na angústia que o real provoca e busca se aproximar dele com o discurso, ou seja, uma vez que o real não é controlável, manipulável, ele se vale do simbólico para olhar naquela direção. Devemos ter em conta que, para Lacan, a linguagem é a estrutura sobre a qual se assenta a tríade RSI e que esses três registros são indissociáveis, portanto, um terá sempre inter-relações que o conectam aos demais. A coexistência desses três registros é o que franqueia a possibilidade de gerarmos representações, significações e interpretações.

Representação e significação

Já usamos a palavra signo antes, mas agora convém entendê-la melhor, pois esse é o elemento fundamental no processo de representação, processo que para a semiótica coincide com o próprio signo. Por ora observaremos o signo como algo compacto. Mais adiante cuidaremos de observar as suas partes, cujos elementos são importantes para entender o processo de interpretação. Com isso, digo que neste estudo nem a representação nem a significação se confundem com a interpretação. A representação é a parte mais mental na filtragem das informações provenientes do ambiente. Explicaremos mais adiante, no tópico que fala sobre percepção e cognição, como ocorre esse processo de filtragem da informação, desde o momento em que entramos em contato com a informação até a fase final do processo, quando passamos a interpretá-la. Por ora, basta sabermos que as informações sensoriais são recebidas e organizadas pelo sistema nervoso até serem impressas em nossa mente como uma representação.

Não achei em nenhum outro autor um caminho melhor para explicar o que é representação do que aquele que Foucault (1973) percorre em seu livro *Isto não é um cachimbo*, texto que recomendo a quem quer se aprofundar na matéria. Ele faz uma série de suposições e perguntas, lança um turbilhão de questionamentos e considerações que nos levam a colocar a representação como algo que está entre a certeza e a incerteza. De qualquer forma, a representação ocupa o lugar de outra coisa que, de algum modo, a re-apresenta. Podemos dizer, então, que a representação se manifesta como um signo, visto que para Peirce (CP 2.92 Cross-Ref:††) o signo é justamente qualquer coisa que está no lugar de qualquer outra coisa com a qual conserva uma relação de semelhança. Todo o exercício inicial de Foucault sobre o trabalho de Magritte *Isto não é um cachimbo* é o esforço na busca de uma significação para aquela pintura, ou melhor, é um exercício para evidenciar a incerteza provocada pelas múltiplas possibilidades de significado que a representação pode admitir. A representação, então, é algo aberto que assumirá seu significado somente quando for posta em relação com outras representações, mas, enquanto representação isolada, ela é vazia de significação. Em uma tentativa meio desesperada de simplificar a complexidade do texto de Foucault, apresento uma metáfora: tomemos um caractere qualquer do alfabeto. Poderia escolher uma letra de fato e pedir que você, leitor, se esquecesse de todos os valores e sentimentos que certamente estão associados a ela, porém, sabendo da quase impossibilidade de uma pessoa se desvincular voluntariamente de uma significação, prefiro, então, apresentar-lhe um caractere simples e com baixa probabilidade de assumir um significado:

⌝

Neste momento há estranheza, pois você não sabe ainda para onde vou conduzir este texto. Mesmo assim, pode descrever ou reproduzir o sinal que vê. Você está no estágio da representação: você introjetou o signo (se bem que já estraguei o jogo, pois esse símbolo já assumiu o significado de ser uma incógnita, mas por enquanto finja que não). Quando eu prosseguir com o jogo e colocar essa representação em correlação com outras representações, no caso, de mesma natureza, esse signo passará a ter um significado. Ao apresentar a palavra p⌝evisão você não tem muita dificuldade para reconhecer a palavra *previsão*, porque atribuiu ao signo desconhecido o valor de um erre. Isso só foi possível porque você estabeleceu uma relação com os signos circundantes e deu ao signo em questão um *valor* específico, no sentido saussuriano que o termo tem. Mas se o apresento em outra posição: previ⌉ão, ele passa a ter outro valor, no caso, de um esse. Esse processo de vinculação entre signos é o que chamamos de significação. Além disso, podemos ter também o valor em aberto. Se colocarmos o signo desconhecido na seguinte posição: pre⌉isão, o signo pode assumir dois valores, o de *vê* ou de *cê*, formando as palavras *previsão* ou *precisão*, respectivamente. Nesse caso, precisaríamos observar a palavra em um contexto mais amplo, como em uma frase, para obter mais alguns indícios que nos permitissem reconhecer a palavra. Somente a partir disso seríamos capazes de atribuir um valor para o signo. Se a colocarmos na seguinte frase: "Infelizmente ninguém fez uma pre⌉isão da data de entrega do trabalho; mas fiquem tranquilos, pois tudo está sendo feito com o máximo da pre⌉isão e do rigor", temos indícios a partir dos quais podemos inferir que na primeira palavra o signo "⌉" tem o valor de *vê*, enquanto na segunda tem o valor de *cê*. Esses exemplos deixam claro que um significado só existe quando um signo é colocado em relação com pelo menos um outro e o significado que pode assumir é flutuante a depender do contexto em que está inserido. Isso levou Saussure a pensar que os significados estavam sobre os significantes, determinando-os, mas a psicanálise de Lacan foi hábil em identificar que antes da significação existe uma representação profundamente ligada ao real, que determina os significados possíveis que podemos atribuir ao signo (Siciliano, 2013). Trataremos dos termos *significante* e *significado* mais adiante. Agora, o importante é entender que o valor que estabelecemos para uma representação é sempre arbitrário, mesmo que temporário. Temos de decidir se o signo "⌉" é uma letra do alfabeto e se a palavra não está, por exemplo, escrita de forma errada; caso contrário, o signo poderia assumir o valor de qualquer outra letra do alfabeto ou o valor de qualquer outra coisa que decidíssemos que ele tivesse. Uma vez feita essa explanação, podemos explicar um pouco mais a fundo o papel da representação no processo de significação. Quando introjetamos mentalmente algo, deixamos de lidar com o objeto externo e passamos, em um processo de substituição, a lidar com a sua representação. Essa representação não é, no entanto, uma simples cópia do seu objeto, mas algo que foi transformado no processo, que pode ocorrer por meio de diferentes estruturas – entendendo estrutura como a relação e a inter-relação estática ou dinâmica que existe entre diversos elementos. Freud (1891/2010) apresenta dois esquemas: *representação de palavra* e *representação de objeto*. A representação de palavra coloca em relação imagens de quatro diferentes naturezas: acústicas, visuais, quirocinestésicas e glossocinestésicas, sendo que na representação de palavra a imagem ***acústica*** é o vetor sobre o qual as outras imagens se organizam e na representação de objeto, semelhantemente, colocam-se em relação imagens sensoriais de diversas naturezas, e é sobre o eixo da imagem ***visual*** que as outras imagens se articulam. Quando diferentes representações são relacionadas, emerge aquilo que se chama significação. Ao colocarmos em relação a representação de palavra, organizada principalmente em torno da imagem acústica, com a representação de objeto, organizada preponderantemente em torno da imagem visual, estamos, por meio dessa relação, gerando um significado. O processo de significação, portanto, exige que pelo menos duas representações sejam colocadas uma em relação à outra, e isso pode ocorrer de duas maneiras: ou internamente a uma mesma estrutura (visual, por exemplo); ou entre diferentes estruturas (acústica e visual, por exemplo). Ao relacionarmos duas imagens, aquilo que uma das imagens é definirá também aquilo que a outra é, por comparações de analogias e diferenças. Freud observou, por exemplo, que a palavra está relacionada a sensações corporais e que tanto a primeira como as segundas se associam por meio dos objetos que têm em comum, gerando um significado.

A simbolização é um processo de representação. A manipulação do sistema de símbolos é feita por meio de regras que ordenam uma estrutura para esse sistema que chamamos de linguagem. Podemos dizer que no processo de simbolização está envolvida a substituição de uma coisa por outra e, nesse sentido, ao substituir, há uma perda daquilo que originalmente provocou a substituição. Para entrarmos na posse do objeto é necessário, portanto, que o abandonemos, substituindo-o com uma representação. Tanto a semiótica de Peirce (1830-1914) quanto a psicanálise de Freud (1856-1939) e de Lacan (1901-1981) estarão de acordo com essa proposição e dirão em uníssono que a representação é a morte do objeto. Explicarei com mais detalhes adiante, agora digo somente que a significação ocorre por meio do que Lacan chama de *cadeia significante* e Peirce denomina *semiose*, isto é, um signo é colocado sempre em relação a outro signo subsequente. Isso significa dizer que a significação se apoia na construção de um sentido e é formulada como um "enunciado". A significação não é, portanto, composta somente do significado, mas principalmente das relações que existem entre os significantes dessa cadeia que concorrem para a instituição de ideias subsequentes e derivadas. Enquanto a representação passa pelo estabelecimento de relações estáticas que tendem a fazer uma fotografia de uma determinada situação, a significação é dinâmica e se move na linha do tempo, procurando estabelecer relações de encadeamento entre diversos elementos de representação. Tais relações estão subordinadas aos padrões linguísticos que determinam a elaboração do sentido, do significado. É pela manipulação dos elementos de um sistema de símbolos que construímos um sentido para o que nos rodeia, mas entendemos bem mais sobre a estrutura e os mecanismos físicos e cognitivos que nos permitem usar tais símbolos em uma fala do que entendemos sobre as funções que nos movem para a utilização de um sistema de símbolos de forma significativa.

A significação será a resultante de um intrincado processo entre os registros RSI propostos por Lacan. O imaginário se apoia não no etéreo, mas na fisicidade, na corporeidade do real. É preciso o estímulo físico para que toda a construção do imaginário se desenvolva. O imaginário é, portanto, uma situação hipotética que o sujeito imagina existir, tomando como base a fisicidade do real. A imagem só faz algum sentido para o sujeito se ela é ponderada por meio de um discurso, caso contrário, ela permanece como pura representação, isto é, o imaginário só tem sentido quando o sujeito relaciona por meio da fala as imagens que gera. É pela estruturação da fala – portanto, por meio da linguagem – e, consequentemente, por intermédio do simbólico que estruturamos o imaginário, criando, assim, as condições para que representações sejam relacionadas umas às outras, gerando, então, os significados.

3. Significante e significado: o signo para Lacan

A prática psicanalítica é feita sobretudo por meio da fala e, trabalhando com a linguagem, Lacan acabou por se aproximar da linguística proposta por Ferdinand de Saussure (1916, 1916/2009). Ele considerou que o seu trabalho tinha uma abordagem que abria as portas para o estudo da linguagem por meio de aspectos científicos que estabeleciam uma base estruturalista para uma revolução, inaugurando, assim, um campo de estudo para a Ciência (Lacan, 1957/2002).

Mas o que havia de revolucionário na proposta de Saussure? Para ele a totalidade de um signo é resultante do significante (sua imagem, no caso acústica ou escrita) e de seu significado (conceito). Por meio dessa díade, Saussure elabora uma compreensão de como operamos a linguagem ou, mais especificamente, a língua. Saussure interpretou a língua como um sistema de signos e identificou que a relação recíproca entre os vários elementos linguísticos determina os valores e as funções de cada signo. Sobre isso, Siciliano (2013) diz: "A determinação do valor ou identidade do signo, tanto fônico quanto conceitual, parte do pressuposto de que há uma totalidade, uma universalidade do sistema linguístico identificável na estrutura linguística. Isso nos leva a um dos conceitos básicos da obra de De Saussure [*sic*], a distinção entre *Langue* e *Parole*". São várias as díades propostas por Saussure e, a exemplo de outros autores, eu também traduzi os termos dessa díade como língua e fala. Na sua complexidade, a língua é um patrimônio histórico preservado em cada indivíduo; um sistema de signos que condiciona e regula a fala de cada indivíduo; e um agente de coesão social que coercitivamente impõe suas regras coletivizantes sobre os indivíduos. A esses três conceitos podemos atribuir três palavras-chaves que, respectivamente, determinam o que uma língua é: acervo linguístico; estrutura sistemática e funcional; e agente de coesão social. A fala, no entanto, além de respeitar, pelo menos minimamente, as regras impostas pela língua, traz consigo os modos peculiares que cada sujeito falante tem para lidar com o meio em que vive. Enquanto a língua é referente àquela parte coletiva da sociedade, a fala está na esfera do individual, e ambas se constituem na linguagem. A linguagem é, portanto, aquilo que integra o sujeito que fala à sociedade e ao ambiente; a língua é apenas uma das linguagens possíveis. Ao mesmo tempo que a língua é um resultado da fala, ela é também um instrumento que permite que a fala seja operada, criando-se, assim, uma relação de interdependência. Na concepção de Saussure a fala vai *pari passu* com a língua e, mesmo regulada pela língua, a fala prossegue levando consigo a heterogeneidade de cada indivíduo, e as diversas falas vão se impondo sobre a língua como fatores de mudança. As falas apresentam elementos idiossincrásicos, material espúrio que, de alguma forma, o indivíduo arrasta para dentro do sistema língua, impregnando-a com componentes que antes estavam fora do sistema. No trabalho de Saussure, enquanto a parte referente à fala permanece etérea e difícil de ser abordada de forma "científica", aquela referente à língua assume uma face estruturalista e sistematizada aberta à investigação analítica própria da Ciência.

Em outra análise diádica, Saussure diz que a língua é constituída por signos e que os signos têm duas partes indissociáveis: o significante e o significado. Para o autor, o significante é uma imagem acústica muito próxima do real, expressa na sua materialidade – no caso citado, o significante está expresso na materialidade do som e na imagem mentalizada daquela materialidade. Para sustentar essa afirmação, ele diz que podemos recitar um poema sem precisar mover os lábios, pois podemos usar apenas nossas imagens acústicas mentais. O significado, no entanto, refere-se à ideia que está contida no signo, ou, melhor dizendo, é o valor que o signo assume no contexto em que está sendo empregado. Essa visão é crucial no trabalho de Saussure, pois ele se dá conta de que o signo não é somente o resultado do encontro do significado com o significante, mas é também o resultado da relação que ele, o signo, mantém com outros signos. Essa questão foi ilustrada com o exemplo das palavras *previsão* e *precisão* que usamos no capítulo anterior, mas talvez não tenha ficado claro que tanto o signo é afetado pelo sistema que conforma seu significado quanto afeta o sistema com sua própria potencialidade de significação. A introdução desse conceito na obra de Saussure rejeita o signo como algo que tenha um valor absoluto e passa a admitir que o valor que um signo assume depende da posição relativa que ele tem com outros signos. Valor, portanto, não se confunde completamente com o significado, pois o significado de um signo pode assumir valores diferentes. O valor é, então, o significado específico do signo em um exato momento e no contexto em que está sendo observado; paralelamente, o significado é a parte do signo que pode assumir um valor qualquer a depender do momento e do contexto. Para Saussure o signo é, então, uma relação arbitrária que o sujeito falante estabelece com o objeto, mesmo que essa relação não tenha um valor absoluto, ou seja, pode ter um significado relativizado. A propósito, temos que considerar sua análise sobre os diversos nomes que o *objeto árvore* tem em diversas línguas. Ele entende que o significado (no caso o nome) que damos ao signo, mesmo que arbitrário, é circunstancial e se impõe sobre o significante (a própria árvore). Lacan reverte completamente o conceito de Saussure ao afirmar que o significante não é algo que descreve uma qualidade da coisa a que se refere no significado, mas é algo que a qualifica, ou seja, o significante escreve algo sobre a coisa. Dizendo em outras palavras, não é o *objeto árvore* que explica o que a *palavra* árvore é, mas é a *palavra* árvore que se transforma em função do que o *objeto árvore* é, da mesma forma que o nosso símbolo gráfico da palavra previsão, citado no capítulo anterior, se transformou. Enquanto para Saussure havia o conceito de uma relação de reciprocidade imotivada entre significante-significado, para Lacan há uma resistência entre significante/significado. Isso quer dizer que para Lacan não há uma relação incondicional entre significante e significado, mas uma relação de necessidade entre um e outro, na qual o significante se sobrepõe ao significado. Mesmo que possa haver alguma arbitrariedade na atribuição de um significado a um significante, tais significados são estabelecidos por uma necessidade e são atribuídos de forma temporária e volátil, a depender de como os significantes são colocados em sequência. Tal sequência de significantes é chamada por Lacan de cadeia significante, afinal, para a psicanálise é preciso sempre dois ou mais significantes conectados entre si para desencadear o processo de significação e, uma vez desencadeado, esse se extingue somente com a morte do sujeito.

Lacan chamou de matemas os muitos algoritmos que criou para melhor explicar suas ideias. Os matemas são uma tentativa de Lacan de aportar uma linguagem matemática a seus estudos, conferindo, assim, uma índole científica a seus achados. Ele representou o matema que relaciona o significante ao significado da seguinte forma:

$$\frac{S}{s}$$

Ao colocar o significante (*esse* maiúsculo) sobre o significado (*esse* minúsculo), Lacan quer expressar, nas suas próprias palavras, que

> *se pode dizer que é na cadeia de significantes que o sentido insiste, mas nenhum dos elementos da cadeia apresenta a significação de que é capaz naquele exato momento. Impõe-se, portanto, a noção de um deslizamento incessante do significado sob o significante.*

Enquanto Saussure diz que uma árvore tem o mesmo significado nos dicionários de diferentes idiomas, Lacan afirma que para o inconsciente o objeto árvore admite o significado que cada sujeito lhe atribui. Apesar de haver parte dos valores socialmente compartilhados no signo árvore (significante + significado), outra parte desses valores será aportada pelo sujeito que interage com o objeto árvore, e somente o próprio sujeito conhece o significado que atribuiu ao significante. Lacan vai mais longe ao dizer que, por meio do processo de atribuir significados, mesmo a palavra árvore poderá se tornar alvo do processo de significação. Quando o sujeito entrar em contato com o significado da palavra árvore, ele poderá atribuir a ela um ulterior significado, transformando, desse modo, o que antes era um significado em um significante. Por ora digo que essa afirmação encontra um paralelo em relação aos conceitos que envolvem a semiose proposta por Peirce. É importante, porém, entender que, no discurso lacaniano, se o nome de qualquer sistema é estrutura, então o nome de qualquer sistema reduzido à sua propriedade mínima é cadeia. O conceito de cadeia é essencial porque tanto distingue o pensamento de Lacan daquele de Saussure como é o que define a construção dos significados.

Cadeia de significantes

A afirmação de que o significado emerge das diferenças e semelhanças postas entre pelo menos dois significantes e que o sentido é uma sequência encadeada de significantes que se prolonga com uma sucessão de significações – mais oportunas e necessárias do que predefinidas e contingentes – oferece uma clara noção da dinâmica lacaniana na construção do sentido, e os significados que atribuímos passam a ser absolutamente móveis sob a cadeia dos significantes. Em uma relação de correspondência, ao mesmo tempo que os significantes prescrevem a cadeia, a cadeia ordena a organização dos significantes.

O texto de Milner (1995) nos ensina que não há significação produzida por um único significante e, diferentemente do que é proposto pelo algoritmo saussuriano, é necessário que sejam identificadas as diferenças entre dois elementos que se sucedem em uma inevitável sequência de significantes. Da leitura de Milner – principalmente quando ele afirma que "é preciso e basta para isso que o sujeito nada seja senão o que incessantemente emerge e desaparece numa cadeia significante" (p. 87) – se depreende, também, a existência de uma metafísica que se localiza entre um significante e outro, gerado a partir de um jogo de presenças e ausências.

Dessa forma, Milner resume o fato já explicado de que um significante só aponta para a construção de um significado se posto em relação a outro significante, constituindo, assim, uma cadeia de significantes. O autor acrescenta uma dimensão metafísica na compreensão do mecanismo de significação, pois há por parte do sujeito o reconhecimento de relações entre um significante e outro e um posicionamento ativo de completamento que liga um significante a outro. Isso quer dizer que o processo de significação assume feições de inventiva e de crença quando o sujeito define que as relações existem de uma certa forma. Preciso, porém, fazer referência a três implicações dentre as muitas que emergem desse sistema estruturalista: a primeira está relacionada a uma constituição predefinida a partir de elementos materiais e culturais preexistentes ao sujeito; a segunda é que o sujeito é uma consequência de como os significantes são encadeados e é definido durante o processo de significação, questão resumida na célebre frase de Lacan na qual ele diz que "o sujeito é aquilo que um significante representa para outro significante"; a terceira implicação é que o sujeito é quem estabelece as relações e, ao fazê-lo, gera novas situações estruturais. Nesse último caso se estabelece, então, uma relação paradoxal, pois é o sujeito quem elege os significantes presentes na cadeia, podendo possivelmente criar novas situações estruturais, porém ele é formado em consequência das relações estabelecidas entre os significantes que já constituem a cadeia. Paradoxalmente, o sujeito define a cadeia e a cadeia define o sujeito, mas, particularmente, penso que o paradoxo deixa de existir se dermos um passo atrás e prestarmos atenção no fato de que sobre a estrutura preestabelecida por todos os discursos, por todos os desejos, por todos os interesses, se assenta um observador anônimo para o sujeito que decide sobre o que fazer com os significantes depositados nessa estrutura, observador que provavelmente tem raízes na fisiologia, como se verá no Capítulo 4, na seção "Aquisição do fenômeno, instâncias do signo e semiose". Mas, voltando a Milner, ele diz que se, por um lado, existe o fatalismo da estrutura, por outro existe a imprevisibilidade do sujeito que decide sobre tal estrutura, gerando novas possibilidades de relações estruturais. No discurso de Lacan está presente também uma fala referente à preexistência das estruturas. Sendo a estrutura predefinida pelas falas, desejos e interesses do Outro, nós mesmos acabamos por ser, em última instância, também instituídos a partir da fala do Outro. Isso nos leva a afirmar que não somos aquilo que acreditamos ser, mas aquilo que o Outro nos sinaliza que somos. Sermos diferentes daquilo que somos não depende de nós – ou, pelo menos, não depende somente de nós –, mas do Outro, o que nos força, em certa instância, a estarmos alienados na fala do Outro. Toda essa noção de estrutura se assenta sobre a noção da cadeia de significantes, sua unidade mínima, compositora de todo o sistema estruturalista, como propõe Milner. O encadeamento de significantes que permite a constituição do sujeito também permite que o sujeito construa um conjunto de significados e, quando entendemos que o significante para Lacan não está atrelado ao significado, como propunha Saussure, mas ligado a outro significante, entendemos também que o significado passa a ser somente uma condição provisória, ainda que pertinente e necessária para dar sentido a essa relação em um determinado momento e contexto. Entendemos, também, que é na cadeia de significantes que o indivíduo emerge e se expressa como sujeito, manifestando-se e manifestado em uma espécie de linha paralela estabelecida pelo processo de significação. A explicação de Lacan – não só com relação a esse assunto, mas com relação a qualquer outro – não é simples. Tentarei afastar-me das considerações psicanalíticas o quanto me for possível e procurarei concentrar-me, sobretudo, nas características mais operacionais ligadas ao conceito de cadeia de significantes.

Na abertura deste capítulo, "Significante e significado: o signo para Lacan", mostrei, a partir do conceito de significação, uma visão estática daquilo que é a cadeia significante para a psicanálise. Lacan (1964/1988) herda de Freud o conceito de cadeia associativa de ideias. Lacan justifica o uso que Freud fez da expressão "sinais de percepção", em vez de usar algum termo mais adequado, pelo fato de não existir ainda uma terminologia definida pela linguística na época em que o texto foi escrito.

Para Lacan, porém, é indubitável que o significado que Freud dá a sinais de percepção, elemento que compõe a cadeia associativa de ideias, é o mesmo que Saussure e ele próprio dão ao significante. Com o intuito de explicar a cadeia de significantes, Lacan (1982) usa a metáfora de uma corrente a fim de mostrar como um elo se junta a outro para compor uma sequência de elos e afirma que essa corrente se juntará a outra corrente, formando o sentido. Em relação ao aspecto linear da cadeia de significante, Miller (1983/1994; 2015) nos mostra o seguinte esquema (Fig. 3.1):

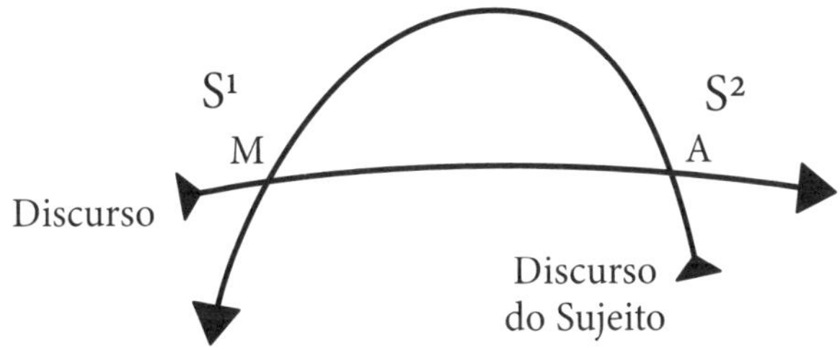

Figura 3.1 Visão linear da cadeia de significantes na sua estrutura mais básica para Lacan segundo Miller.

Miller diz que esse esquema é simples, mas que comporta inúmeras consequências. Uma vez que o exemplo de Lacan foi dado em uma das conferências caraquenhas, ele o ilustra com uma cena da política venezuelana. Decidi substituir por outra cena menos específica e mais universal, mas a essência daquilo que se quer demonstrar é exatamente a mesma. Além disso, sincretizo essa cena a uma explicação anterior na dimensão da formação da palavra. Dessa forma, sustento que há um único processo desde a dimensão mais primária da construção do significado até a dimensão mais complexa do processo quando articulamos os diversos componentes de uma sentença e as diversas sentenças de um pensamento complexo. Bem, de volta à figura, o vetor do discurso representa a cadeia de significantes e o ponto A é aonde se quer chegar com o discurso, para dar um sentido àquilo que já foi dito. O sujeito se constitui ao prosseguir pelo vetor do discurso a partir do ponto M até chegar ao ponto A. O sujeito se apoia nos significantes para sair do ponto M e chegar ao ponto A e, ao encontrar o ponto A, o sujeito faz o caminho retrógrado, amarrando seu processo de significação. Aquilo que começou no ponto M volta a ele, o ponto, para confirmar e acomodar um significado mais estável, encontrando, assim, um sentido. Esse processo ocorre tanto na construção de uma palavra quanto em construções muito mais longas. Ao formar uma palavra, digo as sílabas em sequência. Se pronuncio "pe...", isso pode significar a letra "*pê*" ou pode ser o início de uma palavra, isto é, a "pe..." ainda serão somadas sílabas que a completem. Somando a sílaba "...ri", uma infinidade de possibilidades comparece, algumas possibilidades são eliminadas e outras permanecem: posso ter concluído a palavra e terei dito *Peri*, personagem de José de Alencar; ou posso ainda estar construindo a palavra e, nesse caso, se abrem muitas possibilidades de significação: todas as palavras que começam pelo prefixo "peri-" (ao redor, perto, ciclo), como *periférico*, *perímetro*, *período*, e outras palavras que não têm a ver com o prefixo peri, como *periquito* e *perícia*. Apresentam-se escolhas que vão se modificando e afunilando. Se prosseguir, no entanto, juntando mais uma sílaba, "...go", por exemplo, "peri-" adquire o significado de *perigo*. Posso, porém, não ter terminado ainda de proferir a palavra e, então, junto mais a sílaba "...so", dizendo, assim, *perigoso*. Adjetivando a palavra, todo o conjunto assume um significado distinto daquele dado ao substantivo perigo. Com o tempo deixamos de perceber essa construção sequencial e passamos a ouvir toda a palavra em bloco, como se fosse proferida em um só instante. Esse mesmo processo que ocorre isoladamente na palavra também ocorre nos discursos mais complexos. A partir do momento que inicio um discurso, não se sabe onde ele terminará até que um conteúdo aglomere todos os significantes que fazem correr os significados. Para ilustrar, imagine que um indivíduo, José, tenha sido abordado na rua por João, um indivíduo bem vestido. Imagine que João diz a José: "Oi, tudo bem?! Meu nome é João, moro onde-judas-perdeu-as-botas e vim aqui no Centro encontrar uma pessoa por conta de um emprego..." (*este é o ponto M*). Até aqui José se pergunta: "Mas o que esta pessoa quer?". O processo de significação de José e sua vontade de dar um sentido àquela conversa (enfim, seu desejo) estão mobilizados para conectar aquelas frases de João (*vetor do discurso*). O indivíduo José poderá formular suposições: "Vai pedir meu celular para falar com alguém? Quer meu dinheiro? Quer que eu o acompanhe até algum lugar?". Nenhuma daquelas frases de João tem ainda um significado e um sentido estrito para José. São apenas possibilidades de relações eletivas que José pode estabelecer, sem alguma confirmação e, até o momento, não confirmáveis pelo desenrolar da conversa (situação que Lacan denomina *vel*). Quando João diz: "Preciso muito ir ao banheiro...", João ainda não consegue esclarecer o que José quer, mas pelo menos se torna menos provável que ele queira seu celular ou seu dinheiro. José recomeça, então, a construir novas hipóteses sem muito sucesso e se pergunta: "O que será que esse João quer?". No momento em que João diz: "A pessoa que eu tenho que encontrar está vestida com calça azul e blusa estampada com flores", a conversa toma um novo rumo e afasta mais ainda a probabilidade de João querer pedir o celular ou o dinheiro de José, porém, José só tem certeza daquilo que João quer quando este diz: "Você pode ficar atento e ver se uma pessoa assim vai aparecer por aqui? Tenho receio de que ela vá embora e eu nem fique sabendo. Eu volto rápido!". Nesse momento, José chegou ao ponto A no processo de significação e é obrigado a reconfigurar todo o conjunto de significados que estavam em aberto para os significantes anteriores, percorrendo o caminho inverso e dando finalmente um sentido a tudo quanto foi dito. Não se trata mais somente de um discurso, mas também da reconstrução do discurso que o sujeito é capaz de fazer, explicada no vetor do discurso do próprio sujeito. É nesse processo que se estabelece uma estrutura composta pela cadeia de significantes. Tal estrutura é aquilo que definimos como linguagem, expressa em regras que o sujeito pode acatar ou infringir.

Um olhar desatento pode pensar que a linguagem talvez se desenvolva sobre o registro do simbólico, pois é no conceito do simbólico que a psicanálise se torna mais evidentemente estruturalista e, além disso, o simbólico está relacionado ao campo da linguagem e à função da fala. Na verdade, ela se desenvolve em todo o sistema RSI. Ainda que o simbólico pareça ser o único elemento capaz de delinear a estrutura sobre a qual a tríade RSI se assenta, é igualmente importante o fato de que a unidade da tríade reside na imagem, pois é pela imagem que a fala do sujeito vai estabelecer uma conexão de vinculação, contraditoriamente por meio da alienação, entre o ser falante e a coisa falada, e, como sabemos, toda essa estrutura que compõe a linguagem se apoia nos estímulos provocados pelo real. Não existe causa e efeito entre os três registros, real, simbólico e imaginário. Poderíamos fazer perguntas como: se retirássemos o imaginário, o que aconteceria ao simbólico e ao real? Poderíamos repetir a mesma pergunta para o simbólico e para o real. O que aconteceria aos outros dois registros remanescentes? Como não há relação de causa e efeito, a resposta será, invariavelmente, a mesma: todo o mecanismo de constituição do lugar do sujeito no mundo ruiria. Podemos dizer de forma bem resumida que o campo da linguagem e a função da fala se manifestam graças ao simbólico, mas será o imaginário que criará as conexões entre o sujeito e o real, aliás, um imaginário criado à semelhança do real, permitindo ao sujeito simbolizar, por meio da fala, o que está à sua volta. Não há, portanto, como separar um registro do outro, sob pena de não se cumprir a linguagem. Sem a linguagem, não haveria a língua nem a possibilidade de formação das nossas representações, mas, igualmente importante e atrelada à língua, existe também a fala de cada sujeito. É pela fala que esse sujeito pode ultrapassar os limites do imaginário, livrando-se da prisão que o próprio imaginário lhe impõe. Em um primeiro momento do seu percurso Lacan colocou a fala em um plano realçado, situando a vida humana como um evento decorrente dela, sustentando que a fala tem a função de alguém se fazer reconhecer pelo Outro, e o único modo que o Outro tem para conhecer esse alguém é por meio da escuta. Mais maduro, no entanto, Lacan subordina a fala à linguagem, afirmando que o evento da fala é impossível sem o campo da linguagem. Esse é o momento no qual Lacan se torna menos hegeliano e mais saussuriano, pois para Saussure não existe fala sem a língua, e Lacan leva para a centralidade de seu discurso a linguagem e suas relações estruturalistas com a fala, ainda que se oponha à concepção da relação entre significante e significado usada por Saussure. Lacan sempre mostrou que se, por um lado, a fala, ou seja, o sujeito, depende do sistema língua (o grande Outro da linguagem), por outro, é verdade também que o sujeito tem a possibilidade de furar o sistema língua e subvertê-lo. Enquanto escrevo este texto estou usando as regras de uma linguagem. Não fui eu quem inventou tais regras, portanto estou subordinado a elas, mas, enquanto estou falando, a linguagem não sabe em qual direção vai a minha palavra. A palavra vai sempre em uma direção singular que o código não pode prever, mesmo que a palavra não possa existir sem aquele código. Então, pela visão lacaniana, a poesia é o trauma da linguagem, pois opera por meio da potência da singularidade da palavra que pode subverter o código. Como dito antes, nem mesmo o real precede a existência da linguagem. Para Lacan não há nada que possa preceder a linguagem, pois o próprio real aparece como uma excentricidade da linguagem, é produzido por ela e sobre ela se apoia, mas, também nesse caso, há uma situação paradoxal, pois, ao mesmo tempo, o real é excedente à linguagem.

Pelo ponto de vista lacaniano, se tomarmos como exemplo a experiência da morte, apesar de os seres humanos poderem imaginar a morte e serem aqueles que lhe dão um nome, ela somente pode ocorrer como um evento de linguagem, visto que não é uma experiência natural de alguém que fala. Essa é uma herança de Freud (1915/1991), já que para ele morte é um exemplo de real que ultrapassa a experiência da linguagem e que, portanto, escapa ao simbólico, senão, talvez, no átimo da própria morte, visto que não podemos roubar do outro a sua experiência de morte. Somos mortais na medida em que essa é uma experiência de linguagem, porém a experiência da morte é algo que fura por dentro o sistema. Uma vez que a morte não foi experimentada, ela não pode ser contada e, na falta da palavra, não há simbolização possível.

É preciso, então, consolidarmos os conceitos de algumas palavras e especificar contemporaneamente alguns mecanismos envolvidos na construção da cadeia de significantes. A própria locução precisa ser analisada, pois ora vemos o termo *cadeia significante*, ora vemos escrito *cadeia de significante* ou, ainda, *cadeia de significantes*, expressões muitas vezes usadas como sinônimas. Pois bem, a cadeia significante é composta de significantes, pelo menos dois deles envolvidos em cada uma das representações ou, em outras palavras, a cadeia significante ocorre por meio da correlação entre pelo menos duas representações. Podemos dizer que toda cadeia de *significantes* (substantivo plural) é uma cadeia *significante* (adjetivo). A representação nada mais é do que a introjeção mental do signo e, como vimos, para a psicanálise o signo é composto de duas partes: o significante e o significado. Enquanto o significante é uma réplica de algo muito próximo a uma imagem presente no real, o significado é um valor momentaneamente atribuído àquela réplica de maneira arbitrária. Ambos não coincidem, e o significado é determinado pelo significante; por sua vez, o significante só pode ser determinado a partir de outro significante. É por isso que se diz cadeia de significantes e não cadeia de significados, pois são os significantes enfileirados que constituirão uma protoestrutura que permitirá aos significados se acostarem a ela. Lacan fala de um objeto que falta (ele o chama de *objeto a*) na nossa relação com o mundo. Trata-se de um suposto objeto perdido que é perseguido pelo desejo. Diante da iminência de encontrar esse objeto, se instaura a angústia que muitas vezes pode ocupar o lugar do próprio objeto. Tanto a angústia quanto o desejo têm um caráter produtivo e agem como motor para fazermos deslizar os significados sob a cadeia de significantes. Isso nos sinaliza que a cadeia de significantes apresenta inúmeras presenças e inúmeras lacunas, e é justamente na lacuna que o indivíduo se encontrará como sujeito por meio do desejo de preencher aquele vazio com algum significado.

Há, porém, o fato de alguns significantes ocuparem a posição privilegiada de ser o ponto de partida para um encadeamento de significantes. A esse significante Lacan chama de mestre. O significante mestre busca outros significantes com os quais se articular para produzir um efeito de sentido, de direção. Se digo, por exemplo, que o propósito deste livro é disseminar conhecimento sobre os signos, "disseminar conhecimento sobre os signos" se torna um significante mestre de uma série de relações possíveis com outros significantes secundários, como estudar (para eu mesmo me tornar um veículo de propagação de conhecimento); aplicar o conhecimento (em algum trabalho que eu ou alguém esteja realizando); distribuir o livro em bibliotecas etc. Cada uma dessas relações definirá um sentido diferente, e o indivíduo passará a estar *sujeito* a esse sentido que ele mesmo construiu. Nesse momento o sujeito se submete ao significante, ou seja, ele se separa do objeto para abraçar sua representação. Essa é a alienação da qual nos fala Lacan. E é por isso que dizemos que o indivíduo se tornou um sujeito.

Seria bom se fosse simples e linear assim: apenas uma sequência de significantes encadeados que transcorrem no tempo um a um, e sob os quais deslizariam os significados e um posterior ajuste para se estabelecer o sentido do que foi dito e a constituição de um sujeito estático, único. O que acontece, no entanto, é que existe uma infinidade de significantes sem destino em um estado de espera, fora da cadeia, que, nas palavras de Lacan, aguardam ser puxados pelo fio de Ariadne, processo pelo qual se deixariam abertos todos os possíveis caminhos até que a escolha por um desses caminhos seja feita. Aqui introduziremos o conceito de constelação de significantes, que se refere àqueles significantes que são pescados pelo significante mestre. Apresento, então, uma afirmação que parece estranha e deslocada do assunto, mas que fala de desejo, e é o desejo que nos move em direção ao próximo significante. Eis, pois, a colocação estranha que explicarei a seguir: o grande vazio provocado pela ausência do objeto perdido da satisfação após a primeira experiência de aleitamento se reapresenta no significante da ausência do falo. Deve ser esclarecido que o desejo é despertado pelo vazio que se apresenta diante de nós e que nos impulsiona a querer preenchê-lo com algo que encontraremos mais ali na frente. Para Freud, repetido por Lacan, essa ausência está na esfera da sexualidade. Vamos chegar, no entanto, na questão da ausência como motor do desejo, que é também o desejo de preencher com algum significado aquilo que ainda não tem significado algum. Podemos fazer um paralelo com o tangram: as peças isoladas são os significantes, apenas sete, que comporão os significados de mais de 5 mil figuras, dependendo de como são articuladas (Fig. 3.2). Tanto chegar a uma construção terminada da figura (por mim mesmo) quanto seu reconhecimento (por mim mesmo e por outro) estão na esfera do gozo.

Figura 3.2 Assim como ocorre no tangram, uma constelação de significantes pode ser articulada em inúmeras configurações, gerando, assim, diversos significados distintos.

Sobre isso, Lacan diz que o desejo aparece como um significante ausente, uma fenda. O desejo é, portanto, decorrente da percepção de uma lacuna onde o significante falta. Somos impulsionados a lidar com essa lacuna nos valendo de dois instrumentos que Freud denominou condensação e deslocamento. A condensação funde elementos que estão latentes em uma imagem ou dispersos entre diversas imagens convergindo para uma só imagem, ao passo que o deslocamento substitui uma imagem ou fragmentos dessa imagem por outra imagem ou outros fragmentos, sempre subsequentes. Enquanto a condensação advém do reconhecimento de uma síntese de várias imagens que têm entre si algum ponto em comum, o deslocamento advém da recusa em aceitar uma determinada imagem e, para evitá-la, reconhecer alguns elementos dessa em outra imagem como o resultado de uma censura da imagem original.

Lacan, com o intuito de se aproximar da linguística, redefiniu o termo condensação como metáfora e deslocamento como metonímia, o que gerou uma zona de sombra conceitual. De qualquer forma, é um equívoco pensar que os termos metáfora e metonímia usados pela linguística possam corresponder plenamente aos termos usados por Lacan. Na linguística, as figuras de linguagem ocorrem quando escapamos das acepções literais. Ainda que não o percebamos sempre, metáfora e metonímia estão certamente entre as mais recorrentes figuras de linguagem no discurso comum. Explicando de outra forma: na maior parte das vezes que estabelecemos um significado figurado para um significante, estamos agindo por meio ou da metáfora ou da metonímia, portanto, metáforas e metonímias no campo da linguagem não se confundem com os termos metáfora e metonímia relacionados à explicação psicanalítica de condensação e de deslocamento. Lacan reconhece a metáfora e a metonímia como as manifestações do desejo que levam ao processo de construção do sentido e, apesar de identificar os vocábulos pela chave da linguística, é no constructo psicanalítico que o autor os definirá. Não é, portanto, a explicação linguística que dá a melhor possibilidade de compreensão desses mecanismos nos processos de significação, mas sim a explicação de Freud aprofundada por Lacan. Ainda que deslocamento e condensação possam ser percebidos também na vigília, nos momentos de desatenção do superego (chistes e atos falhos), foi sobretudo na esfera dos sonhos que Freud desenvolveu o entendimento de tais mecanismos. Não podemos nos esquecer – ora reforço – que esses mecanismos não ocorrem somente no âmbito dos sonhos, mas ocorrem desde as performances mais básicas do pensamento. Se tomarmos a relação existente entre significantes e significado proposta por Lacan, é necessário que o sujeito movido pelo próprio desejo ative os mecanismos de condensação/metáfora, deslocamento/metonímia para que o pensamento ocorra. Para a psicanálise os dois processos estão fortemente ligados ao desejo, ou melhor, àquilo que foi recalcado pelas convenções sociais, que permanece como desejo no inconsciente e busca um modo de se manifestar. É por isso que Freud relaciona esses mecanismos aos sonhos, pois neles os conteúdos do inconsciente tentam aflorar, mesmo que o conteúdo latente (aquela parte que não queremos enxergar dos nossos desejos e que permanece inconsciente) tenha que se disfarçar (daí a metáfora). Mas isso não basta, precisamos também fazer com que o conteúdo manifesto, aquela parte que se torna consciente, não pareça um disfarce, e sim que apresente características diferentes daquelas que o originou (daí a metonímia). O trabalho do psicanalista é desmontar os disfarces impostos pelos conteúdos manifestos e expor os conteúdos latentes, ou seja, é o trabalho de reconhecer os referentes que deram origem às metáforas e às metonímias geradas.

A principal confusão feita entre os vocábulos empregados pela psicanálise e pela linguística advém da maneira como operamos as cadeias de significantes: por meio das semelhanças e das contiguidades. Em todo processo de significação há um subseguir de significantes no qual um significante anterior deriva em um significante posterior. Tal derivação ocorre mesmo nos deslocamentos, quando nos livramos de uma imagem para dar lugar a outra imagem que pode, muitas vezes, aparentar não ter nada a ver com a imagem substituída. Na verdade, na maior parte das vezes, nem nos damos conta de fazer constantemente tais substituições. Não importa se se trata de metáforas ou de metonímias, tais derivações estabelecem relações entre os significantes tanto por meio de eixos de semelhanças (analogias) quanto por meio de eixos de contiguidades, e para a psicanálise não há como escapar desse processo de encadeamento de significantes. Podemos afirmar com segurança que na linguística a metáfora ocorre no eixo das semelhanças e a metonímia, no eixo das contiguidades, mas, ao entrelaçarmos as explicações de Freud sobre condensação e deslocamento com as definições de Lacan referentes à metáfora e à metonímia, entenderemos que tanto metáfora quanto metonímia, pelo ponto de vista psicanalítico, podem se desenrolar pelo eixo das semelhanças ou pelo eixo das contiguidades (Fig. 3.3).

Figura 3.3 Ilustração do conceito de semelhança e contiguidade nas relações entre significantes.

Consideradas pelo ponto de vista psicanalítico, metáforas e metonímias não são somente algo que designa uma coisa pelo nome de outra. Não há dúvidas de que, por meio das metáforas e das metonímias, há um inevitável desenrolar dos significantes, com o propósito de se encontrar um significado para algo. No entanto, o inconsciente se vale desses mesmos mecanismos para esconder no inconsciente aquilo que o sujeito não suporta encontrar e, curiosamente, são esses mesmos mecanismos que mais uma vez atuam para que os conteúdos escondidos reemerjam do inconsciente e se manifestem como representação no consciente. Explicando a metáfora por meio da condensação, podemos dizer que, pela identificação de semelhanças e de contiguidades, conseguimos agrupar uma ou várias ideias dispersas, concentrando-a(s) em um só termo que substituirá algo. Assim, temos um acesso instantâneo ao sentido que é transposto para a outra coisa, sem precisar de uma mediação que nos leve para essa outra coisa. Explicando a metonímia pelo deslocamento, podemos dizer que esse é um processo no qual a percepção se desloca gradualmente de uma coisa até recair sobre outra coisa, levando a uma transposição sequencial de uma imagem a outra. Na metonímia, porém, o processo também pode ser guiado pela identificação de semelhanças e contiguidades entre coisas, mas o sentido só é atingido ao final do encadeamento das ideias, pois o processo é mediado pela manutenção de determinados elementos de uma imagem que são reencontrados em outra imagem posterior sequencialmente, em um processo de transformação. Tanto nas metáforas como nas metonímias nos deparamos com escolhas que devemos fazer sobre muitas possibilidades de transformação de uma imagem em outra ou de substituição de uma imagem por outra. Podemos apresentar um resumo dizendo que, enquanto a metáfora se comporta como um decalque que sobrepomos a alguma coisa, atribuindo àquela coisa um significado que não é próprio dela, mas que conserva uma relação de semelhança e contiguidade entre o que está estampado no decalque e a coisa ressignificada, a metonímia se comporta como as legendas de um filme estrangeiro cuja língua eu não entendo e cujo conteúdo se transforma em função daquilo que está sendo mostrado, e vice-versa, numa relação de pertinência identificada por meio das semelhanças e das contiguidades entre o texto e a imagem.

Se alguém acredita que exemplos ainda mais delimitados possam ajudar a explicar uma ideia abstrata em vez de somente reduzir a compreensão a uma única forma de entendimento, então exponho o seguinte: na linguística, ao usar a palavra "prato", posso empregá-la em um contexto literal ou figurado, sendo que no contexto figurado posso criar uma metáfora ou uma metonímia. Literalmente, posso dizer que "o prato de Vinícius é ornamentado com flores azuis". Como metáfora, no entanto, posso dizer que "Está tudo resolvido, Vinícius já colocou o ocorrido em pratos limpos", mas, ao dizer que "Vinícius comeu um prato de arroz e feijão", estou fazendo uso de uma metonímia. No conceito de Freud-Lacan, no entanto, metáfora e metonímia não se distinguem pela figura de linguagem, e sim pela forma como se dá o encadeamento das ideias que estão atreladas a uma cadeia de significantes. Como exemplo, ocorre-me espontaneamente aquela prática estadunidense de cobrir uma embalagem de bebida alcoólica com um saco de papel. Devido ao tabu de achar que uma criança pode ser influenciada a se tornar alcoólatra somente por ver adultos transportando ou consumindo bebidas alcoólicas em público, a maior parte das cidades dos Estados Unidos tem uma lei que proíbe o seu consumo e o seu transporte em vias públicas se tais embalagens não estiverem cobertas. Uma vez que é proibido transitar em via pública consumindo ou transportando bebidas alcoólicas à vista, um simples saco de papel serve para esconder o conteúdo, mas não há dúvidas para ninguém, quando o portador de um saco de papel o leva à boca, de que ele está bebendo direto do gargalo uma bebida alcoólica. A palavra "proibido" não está posta aqui por mero acaso, pois tanto na metáfora quanto na metonímia há, pelo ponto de vista da psicanálise, uma recusa em aceitar o sentido literal das coisas que estão postas no real. Nesse caso, o "sentido literal a ser recusado" é a veiculação nos espaços públicos das garrafas de bebidas alcoólicas, representado, por um lado, pela própria garrafa de bebida alcoólica e, por outro lado, pela lei de proibição. Ao revestir o conteúdo com um saco de papel opaco, normalmente usado em compras, o significado daquela garrafa é em parte transformado em um produto indefinido qualquer. O tabu e a lei que impedem a exibição da garrafa de bebida alcoólica em público, por meio do saco de papel, transformam a garrafa em um segredo, e o mesmo saco de papel que a encobre, paradoxalmente, expõe toda a lorota criada para driblar a lei e o tabu. Dessa forma, o saco de papel é, ao mesmo tempo, a metáfora de um segredo escondido e a metonímia de uma lorota contada. É metáfora do segredo, pois o segredo que se quer manter sobre o consumo da bebida alcoólica deve permanecer escondido da mesma forma que o papel esconde o rótulo da garrafa. É metonímia da lorota porque a gestualidade associada ao próprio material opaco denuncia o tabu e a lei que impedem as pessoas de consumir livremente as bebidas alcoólicas em espaços públicos e, ao mesmo tempo, expõe o verdadeiro conteúdo que está naquele saco de papel sem que seja necessário ver a garrafa. Apesar de o saco de papel manter fora da vista a garrafa de bebida alcoólica (é o sentido literal escondido), por meio da transposição de elementos cruciais mostra algo que não deveria ser de forma alguma revelado. Os principais elementos transpostos são os gestos executados durante o manuseio de uma garrafa por alguém que bebe diretamente do gargalo e a opacidade do material que envolve o objeto para manter o conteúdo inacessível aos olhos alheios, e isso denota a proibição da exposição da garrafa. Eis aí um exemplo de coesão entre metáfora e metonímia cujo objetivo fundamental é escapar do significado literal imposto pela proibição da veiculação das garrafas de bebida alcoólica. Indo em um lugar bem mais profundo e muito mais nebuloso, a questão do alcoolismo está subjacente na proibição do consumo e do transporte de álcool em público. Nesse sentido, nas palavras de Lacan, a manifestação do desejo de beber e sua efetivação com uma garrafa coberta por um saco de papel são um sintoma do alcoolismo e, como todo sintoma, são também uma metáfora. Por outro lado, é uma metonímia a construção de um estratagema para eludir a lei, transmutando a bebida alcoólica em um saco de papel.

O fato de cobrir a garrafa de bebida alcoólica com um saco de papel serve para ilustrar, também, a função que aquilo que Freud chamou de recalque tem no processo de representação, portanto, ilustra o papel do recalque na construção da cadeia de significantes. Mesmo trabalhando duramente para elucidar o pensamento de Lacan, Jacques-Alain Miller só consegue organizar uma fala quase igualmente complexa para explicar a substituição dos significantes Nome-do-Pai pelo significante do desejo para a mãe. Não precisamos nos aprofundar nesses meandros psicanalíticos para entender que, por diversos motivos, alguns significantes são removidos do consciente e alojados no inconsciente, contudo eles não desaparecem simplesmente, mas são substituídos por outros significantes. Esse processo de substituição dos significantes com o intuito de esconder algo incômodo é chamado de recalque. Em outras palavras, a partir do recalque passa a existir um entrelaçamento dos significantes conscientes com aqueles que foram removidos para o inconsciente, e esse entrelaçamento também ocorre por meio das metáforas e das metonímias. Miller conclui dizendo que "A cadeia de significante tem apenas um destino: inserir o desejo inconsciente do sujeito em declarações do sujeito. Assim, constitui o desenho e a trama do tecido psíquico do sujeito falante". De modo mais geral, a cadeia de significantes está envolvida em toda causalidade psíquica, e o desejo só se manifesta por conta da percepção das lacunas entre as presenças dos significantes. Ao preencher tais lacunas se apresenta o gozo. Isso quer dizer que boa parte daquilo que acreditamos ser e daquilo que orienta nossos comportamentos diante dos eventos está ligada de alguma forma aos entrelaçamentos conscientes e inconscientes que foram criados entre os significantes. A cadeia de significantes, portanto, é também, em certa medida, a cadeia que determina a identidade do próprio sujeito.

Inferências: jogo de lacunas e presenças

Eu poderia dizer que o conceito de representação para a psicanálise é conceitualmente próximo à definição de signo semiótico, mas tal afirmação não seria muito adequada para entender os mecanismos de preenchimento de lacunas na construção do sentido e, ainda, equivocadamente colocaria representação e signo como sinônimos. O signo é aquilo que encarna uma das representações possíveis de forma relativamente estática. Para a semiótica, o signo tomará vida somente com o processo de semiose. A cadeia de significantes é, ao contrário, constituída por meio de um processo dinâmico, cujas propriedades definem também o que chamamos de estrutura da linguagem. É importante entender que, no discurso lacaniano, se o nome de qualquer sistema é estrutura, então o nome de qualquer sistema reduzido à sua propriedade mínima é cadeia. A cadeia de significantes é como se fosse um fio na malha da estrutura. Entre um fio da malha e outro, entre cada um dos elementos presentes nessa estrutura – que, sendo real, é apenas a simplificação rude de um mundo concreto e infinitamente mais complexo –, existem várias lacunas que, muitas vezes, precisamos preencher. Essa necessidade/vontade/desejo de preencher tais lacunas desencadeia uma espécie de jogo no qual o indivíduo se coloca ativamente, tentando, dessa forma, construir um significado a fim de que aquilo que o rodeia faça algum sentido para ele (não é à toa que, ao dar um significado a alguma coisa, dizemos que aquilo passou a ter algum sentido para a mente que a interpretou). São exatamente as escolhas que o indivíduo faz para preencher as lacunas que definem o sentido. Essas escolhas são arbitrárias e, muitas vezes, durante a construção do significado de algo, o preenchimento das lacunas é apenas uma construção temporária do significado.

Apesar de Peirce perceber a importância do processo de inferência abdutivo, processo que preenche as lacunas de informação com soluções hipotéticas, será com a psicanálise de Lacan que melhor poderemos explicar a participação do indivíduo na construção do sentido que ele dá ao mundo. Uma explicação gráfica pode ser muito mais ágil para explicar o jogo de lacunas e presenças, portanto apresento as imagens a seguir (Figs. 3.4a e 3.4b).

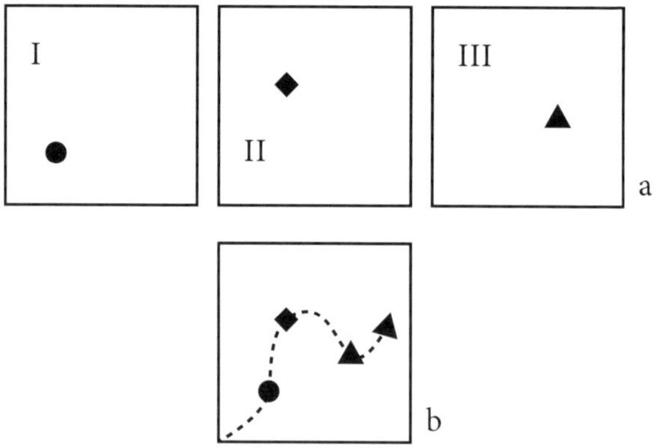

Figuras 3.4a e 3.4b Explicação gráfica sobre a construção do sentido no processo de significação.

Enquanto a Fig. 3.4a ilustra três representações distintas, como se cada um dos três quadros fosse uma fotografia do real, ou seja, trata-se de três representações do real, a Fig. 3.4b representa o processo de significação. A curva tracejada é o significado construído por um indivíduo e o percurso indicado pela seta é o sentido. Deduz-se que o significado é algo completado entre um significante e outro significante, e o sentido é para onde aponta nossa intenção de continuar a cadeia das nossas significações (Figs. 3.5a e 3.5b).

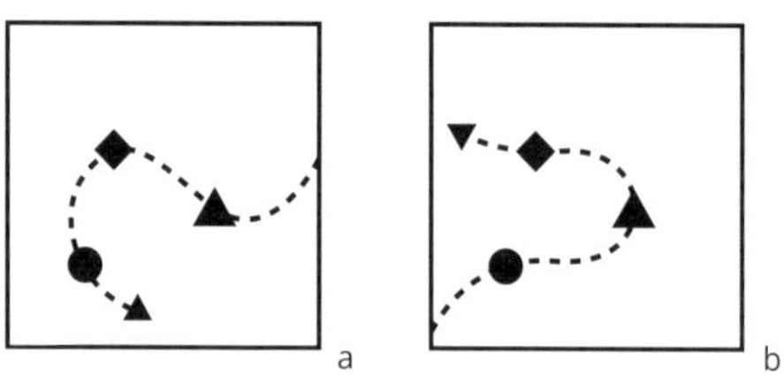

Figuras 3.5a e 3.5b Os significados podem ser múltiplos e o sentido também, basta que organizemos os elementos do real de modos diferentes.

É exatamente na linha tracejada entre um significante e outro que o sujeito se instala. O preenchimento do vazio existente entre o círculo, o quadrado e o triângulo só é possível por meio de processos inferenciais abdutivos (e Peirce vincula a própria percepção aos processos abdutivos). Podemos dizer que o raciocínio abdutivo é aquele que nos permite encontrar possibilidades viáveis para preencher as lacunas, mas de forma sempre provisória, esperando uma confirmação que só vem pelos processos indutivos e dedutivos. É o raciocínio abdutivo que primeiro orientará nossa própria construção existencial e que primeiro permitirá que se estabeleçam os nossos significados. É pela abdução que o indivíduo se torna responsável por suas escolhas significativas e passa a estar sujeito a elas. E não nos esqueçamos de que um significado pode ser o significante de um ulterior processo de significação. Todas as lacunas são preenchidas por significados, mas são orientadas por diversos elementos existentes ou no real, ou no sistema realidade-ficção, e se trata, salvo em raros casos, sobretudo patológicos, de uma busca por uma verdade ontológica. O pensamento, uma vez que é uma representação e possui um significado, pode tornar-se um significante. Voltarei a falar dessa mutação dos significados em significantes quando explicar o triângulo semiótico de Peirce e a semiose. Neste momento, me interessa mostrar como Peirce entende essa operação de preenchimento em relação aos processos inferenciais de abdução, indução e dedução. Toda inferência envolve um observador, o que ele está efetivamente observando e uma lacuna de informação que o observador quer preencher para dar um desfecho significativo às suas operações mentais. Uso três exemplos clássicos para explicar os processos inferenciais. Primeiro dou uma explicação genérica, procurando oferecer uma visão panorâmica das inferências, sem entrar nos meandros dos seus funcionamentos; mais adiante explico as inferências de forma mais acurada, ponderando sobre estruturas e mecanismos menos explícitos das inferências. Começo pelo conceito da abdução, pois ele está na base do processo indutivo que, por sua vez, está na base do processo dedutivo e, assim, estabeleço uma ordem que julgo mais natural, ainda que muito pouco usual, de apresentar os três modos inferenciais.

Na *abdução* o observador tem o foco inicial da sua atenção no resultado de um fenômeno, que pode ser um punhado de feijões, todos brancos, na mão de alguém; pode ser o fato de o chão estar molhado ou, ainda, o fato de estar amanhecendo. Quando falamos de abdução, o resultado não está vinculado ao fenômeno que o produziu, o que acaba por gerar algumas lacunas de informação que o observador deseja completar: qual é a proveniência daqueles feijões? O que molhou o chão? Por que o dia clareia? Com essas dúvidas e na busca de uma resposta, o observador formula algumas hipóteses: suponho que os feijões na minha mão tenham saído de um saco de feijões brancos que está ali próximo; pode ser que tenha chovido; suponho que o Sol esteja nascendo.

Na *indução* o mecanismo da inferência funciona de modo um pouco diferente. Em vez de suposições, como acontece na abdução, existe a descoberta de uma regra. O observador tem o foco inicial em um caso específico sem saber ainda quais são as consequências provocadas pelo fenômeno que está ocorrendo naquele momento: alguém que está retirando um punhado de feijões de um mesmo saco ou a chuva que começa a cair naquele exato momento ou, ainda, o fato de o Sol estar nascendo. Nesses casos, o observador constata, sobretudo pela repetição da experiência do fenômeno, que cada um dos feijões que foi retirado de um determinado saco é branco; o chão fica molhado por causa da chuva e o dia clareia por causa do Sol. Isso leva o observador a induzir uma regra geral: todos os feijões daquele saco são brancos; todas as vezes que chove o chão fica molhado e todos os dias o Sol nasce.

Quando se opera por meio da *dedução*, tem-se como ponto de partida uma regra geral. Acredito que todos os feijões de um saco são brancos; que sempre que chove o chão fica molhado e que amanhã o Sol nascerá de novo. Quando o observador se aproxima de um fenômeno dedutivamente, procura dar a ele um sentido com base em uma regra. Mesmo que o punho do observador esteja cerrado e ele não consiga ver os feijões que tem em sua mão, sabendo que vieram de um específico saco de feijões, pela regra geral, ele consegue saber de qual cor são aqueles feijões em sua mão. O mesmo acontece para a chuva e para o Sol. Sabendo que sempre que chove o chão fica molhado, quando alguém afirma que vai chover o observador sabe que o chão ficará molhado, e, mesmo que o dia de hoje ainda não tenha terminado, pela regra geral, sei que amanhã o Sol nascerá mais uma vez. Podemos dizer, então, que a dedução tem um caráter preditivo, pois consigo prever qual será a consequência de um fenômeno, mesmo que ele não tenha ocorrido ainda.

Processo abdutivo

A abdução precede a indução e a dedução, pois, antes de conhecermos algo, seja partindo da observação de um fenômeno para descobrir uma regra (processo indutivo), seja partindo de uma regra que confirma de modo preditivo o comportamento de um fenômeno (processo dedutivo), temos somente dúvidas sobre o que pode ser aquele algo, e tais dúvidas impelem o observador a um raciocínio hipotético. Pelo aspecto pragmático, a abdução pode ser entendida por dois vieses: um referente ao raciocínio abdutivo na geração de hipóteses, o outro referente ao raciocínio abdutivo para encontrar a hipótese mais acertada ou para selecionar hipóteses mais viáveis dentre muitas possibilidades. Essa segunda acepção é aquela que tem dominado os textos mais contemporâneos que falam sobre a abdução e é, também, a acepção que mais se aproxima da construção do significado sob a cadeia significante proposta pela psicanálise. Pode-se dizer, então, que a abdução deve lidar não somente com a incerteza provocada pela falta de significado que leva o observador a gerar hipóteses, mas também com uma miríade de significações possíveis que emergem quando o observador contempla algo que ainda não tem um significado determinado. Moderando-se pelas hipóteses, o observador será capaz de escolher, dentre os muitos significados possíveis, aqueles que com mais verossimilhança conseguem corresponder ao fenômeno, mesmo que a percepção dessa correspondência seja apenas temporária e precise ser substituída por outra mais compatível. Se, por um lado, a hipótese no processo abdutivo se comporta como um significado fechado para dar início ao processo de significação do fenômeno em questão, por outro lado, essa mesma hipótese se comporta, também, como um significado temporário escolhido pelo observador como o mais cabível naquelas condições, e será fixo somente até quando uma discrepância com o fenômeno impuser uma nova hipótese e, consequentemente, forçará que aquele significado anterior seja substituído por outro significado mais adequado à nova hipótese. Muito resumidamente, podemos admitir que a hipótese tanto tem um caráter de significação fechada quanto é uma proposta de significação que permanece aberta como uma significação temporária (que, pelo processo indutivo, dará origem a uma regra geral igualmente provisória até que outra regra seja mais bem formulada). O que vejo (resultado de um fenômeno) me gera uma dúvida, que me remete a uma situação específica (caso), que, dada sua incerteza pela falta de provas de que as coisas tenham ocorrido daquele modo, eu acabo por supor (aspecto hipotético) que aquele fenômeno tenha sempre um determinado comportamento (Fig. 3.6). Pode-se dizer que a abdução é a inferência da intuição e da temporalidade.

Figura 3.6 Representação esquemática do processo abdutivo.

Por meio desses exemplos expressos na figura podemos entender que a abdução ocorre numa circunstância presente, mas que tem início na percepção das consequências deixadas por um fenômeno que ou transcorreu em um momento anterior ou transcorrerá em um momento posterior ao que a pessoa está vivendo, como estar em contato direto com os feijões que estão na minha mão que indicam proveniência de algum lugar; com o chão molhado de um terreno, sendo evidente que foi molhado por algum fenômeno ou pelo lusco-fusco da alvorada que sinaliza o aparecimento do Sol que ainda não nasceu. Para que a abdução seja desencadeada é necessário que haja uma incógnita sobre o fenômeno observado. Essa incógnita é uma lacuna de informação que preenchemos com uma hipótese. No exemplo dos feijões ou no exemplo da chuva, não é difícil entender a dúvida suscitada pela falta de informação: os feijões da minha mão podem ter vindo de diversos lugares, aquele saco é apenas uma hipótese sobre a sua proveniência; da mesma maneira, o chão pode estar molhado por diversos motivos e a chuva é apenas uma das hipóteses possíveis. O chão pode ter sido molhado por meio de um agente qualquer, uma chuva, uma pessoa, um elefante, um carro-pipa, mas é muito mais razoável pensar que tenha chovido do que acreditar que alguém tenha molhado o chão até onde a vista pode alcançar. É, no entanto, bem mais difícil compreender a abdução nos valendo do exemplo do Sol nascente, pois esse fenômeno já está completamente arraigado nas nossas mentes, e quando vemos o Sol nascer não temos dúvida alguma nem cogitamos nada sobre aquele ser um novo dia que será iluminado pelo Sol. Houve um tempo, porém, em que, apesar de os nossos antepassados perceberem a alternância entre dia e noite e de perceberem a existência do Sol, eles ainda não tinham associado o dia e a noite com o Sol, pois provavelmente ainda não haviam colocado essa relação no centro de suas atenções. Um certo dia, pela primeira vez, um nosso antepassado percebeu que estava começando um novo dia, e lhe assaltou uma dúvida: "Ué, está clareando, será que o Sol vai despontar lá no horizonte e iluminar tudo?". Tudo pareceu indicar que sim, desde quando o Sol apareceu até quando se pôs por trás da montanha e a noite teve início. Esse nosso antepassado pensou que o Sol talvez fosse o responsável pelo começo e pelo fim do dia, mas não tinha certeza. Essa era apenas uma hipótese que precisava ainda ser confirmada. Curioso que era, nosso antepassado decidiu acordar bem cedo no dia seguinte para poder observar de novo aquela possível relação entre o nascer do Sol e o começo do dia, mas, em tal caso, ele já estava tomado por outro tipo de raciocínio, por outra forma de inferência: a indução.

Processo indutivo

A indução só pode nascer de uma abdução, e explico o porquê: parto da ideia de que as inferências são ativadas pelo desejo de encontrar uma verdade. Essa afirmação, longe de querer ser uma manifestação ética, é uma proposição que pensa as inferências como uma busca estética de verossimilhança e de reconhecimento de si mesmo. Quando alguém tem que lidar com algo que não conhece, seus mecanismos perceptivos e cognitivos se movem na busca de uma significação para aquela coisa. Esse alguém procura fazer com que essa significação se ajuste àquilo que ele já conhece e se assemelhe àquilo que ele próprio já é, no entanto, sendo algo desconhecido e singular, ele terá apenas uma suspeita de que aquele fenômeno existe do modo como ele pensa que existe. Essa suspeita pode não resultar em nada, perdendo-se o interesse por aquele fenômeno, mas pode exprimir-se operacionalmente como uma hipótese que, para ser confirmada ou refutada, precisa que haja um contato contínuo entre o observador e o fenômeno observado, até que uma compreensão mais alargada seja formada. O observador adota o processo indutivo quando começa a recorrer ao fenômeno para se assegurar de sua hipótese. Ao repetir a experiência de um fenômeno (mesmo que só mentalmente), ele pode chegar a uma regra geral que o oriente na interpretação daquele fenômeno todas as vezes que no futuro aquela mesma situação se reapresentar (Fig. 3.7).

INDUÇÃO - parte do caso específico para chegar ao geral

CASO	RESULTADO		REGRA
Este feijões na minha mão vêm desse saco	Este feijões na minha mão são brancos	**ENTÃO,** (aspecto de descoberta)	Todos os feijões desse saco são brancos
Está chovendo	O chão está ficando todo molhado		Sempre que chove o chão fica molhado
O Sol está nascendo	Está clareando, começa um novo dia		Todos os dias o Sol nasce e ilumina

Figura 3.7 Representação esquemática do processo indutivo.

Ao verificar que todas as vezes que chove o chão fica molhado, o observador conclui que *sempre* que chove o chão fica molhado. O mesmo ocorre com os feijões, pois se cada feijão que um observador retira de um saco ele percebe que é um feijão branco, em sucessivas repetições, até terminar com um punhado de feijões brancos na mão, ele acaba concluindo que todos os feijões daquele saco são brancos. Com o nascer do Sol também não é diferente. Mais uma vez, vendo que a cada amanhecer o Sol aparece no horizonte, acabo por concluir que todos os dias o Sol nasce e é responsável por iluminar o mundo. A indução é provocada pela vivência, mesmo que só mentalmente, de um fenômeno no momento em que ele transcorre. Quanto mais experimentamos um fenômeno em curso, mais será aprofundado o nosso conhecimento sobre ele e, quanto mais aprofundado for nosso conhecimento, maior será a chance de acertarmos uma hipótese como regra geral de funcionamento e menor será o risco de fazermos uma afirmação falsa ou que não esteja completamente alinhada com a hipótese inicial. Se o observador pegar apenas um feijão do saco, ele não terá muita segurança para afirmar que todos os feijões daquele saco são brancos, mas, se ele tirar mais um feijão branco daquele saco, tanto aumentará a sua percepção de que os feijões daquele saco são brancos quanto aumentarão as chances reais de os feijões daquele saco serem de fato todos brancos. Ele poderá repetir a operação, e a cada repetição o observador estará mais convicto de que todos os feijões daquele saco são brancos. Isso significa que, quanto mais ele conhecer o caso com o qual está lidando, maior será a sua certeza de que o fenômeno exista de uma determinada forma. Ao retirar um feijão, depois mais um e depois mais um, e verificar, por semelhança, que o punhado de feijões que tem em sua mão é todo de feijões brancos, o observador pode induzir que todos os feijões daquele saco também são brancos, mesmo que não tenha visto todos eles. Além disso, enquanto, na abdução, quanto mais próximo o observador estiver do saco de feijão, mais ele terá a impressão, por um fator de proximidade física, de que os feijões brancos da sua mão vieram daquele saco, na indução, quanto mais próximo ele estiver do saco de feijão, mais facilmente ele achará que todos os feijões que estão naquele saco são brancos. Quando se trata do chão molhado, porém, a percepção do observador não é mais guiada pela semelhança que há entre os elementos, mas é orientada pela contiguidade no entendimento da transformação do comportamento da água. Houve um momento em que a água caía livre, houve outro momento subsequente em que a água permanecia presa às superfícies e outro momento em que a água corria pelas superfícies. A água que está caindo do céu naquele momento não é a mesma água que já está sobre as superfícies, mas, por contiguidade, eu percebo a água em queda livre como a mesma água que permanece e escorre sobre as superfícies molhadas e se acumula nas poças d'água. É, portanto, uma consideração insofismável dizer que a água molha. O processo indutivo é justamente aquele que nos leva à formulação de uma regra geral como se fosse uma descoberta: ao repetir a experiência do fenômeno no momento em que chovia e constatando que o chão de fato se molhava, então aprendemos que todas as vezes que chove o chão fica molhado. Pode-se dizer que a indução é o processo inferencial da descoberta, do primeiro aprendizado, que nos permite a construção de regras que serão o ponto de partida para o processo dedutivo.

Processo dedutivo

Os aprendizados advindos do processo indutivo, expressos como regras gerais, desencadearão o processo dedutivo. É o processo dedutivo que faz uma pessoa correr para tirar as roupas do varal antes que elas se molhem. Ao observar o fenômeno pelo processo abdutivo, o observador vê apenas o chão molhado, o resultado do fenômeno, e, portanto, as roupas no varal já estarão igualmente molhadas; pelo processo indutivo, o observador ainda está aprendendo que quando chove o chão fica molhado e, consequentemente, está aprendendo, em várias ocorrências, que a chuva molha também as roupas do varal, e quando percebe a ação da chuva já é muito tarde para evitar que as roupas se molhem. Pelo processo dedutivo, distintamente, ao ver a chuva que se aproxima, o observador é capaz de entender que se ele não correr para retirar a roupa do varal ela ficará molhada, pois ele aprendeu uma regra geral sobre as chuvas: elas molham. Há, porém, mais um fator que distingue a abdução e a indução da dedução. Nas duas primeiras inferências haverá sempre uma margem de dúvida no desfecho do processo, pois na abdução o observador não sabe o que provoca a situação com a qual está lidando (será que esses feijões vieram daquele saco? Será que foi a chuva que molhou o chão?) e na indução ele não sabe se todos os casos respondem à regra (será que todos os feijões daquele saco são brancos? Será que sempre que chove o chão fica molhado?). Basta que apenas o ambiente, incluindo o chão, tenha sido molhado por um carro-pipa ou que um dos feijões daquele saco seja marrom para desmontar a regra que o observador predefiniu. A dedução, ao contrário, trabalha com operadores já verificados e asseridos: se é verdade que todos os feijões de um saco são brancos e se é verdade que os feijões na mão do observador vêm daquele determinado saco, então, mesmo que se mantenham os feijões que estão na sua mão longe dos olhos, pode-se afirmar, com a certeza de não cometer uma falsidade, que tais feijões também são brancos. A mesma lógica se aplica tanto ao caso da chuva quanto ao caso do Sol: se é verdade que sempre que chove o chão fica molhado e se é verdade que vai chover, então é verdade que o chão ficará molhado; se é verdade que todos os dias o Sol nasce e ilumina a Terra e se é verdade que o Sol nascerá amanhã, então é igualmente verdade que amanhã o dia será iluminado pelo Sol (Fig. 3.8).

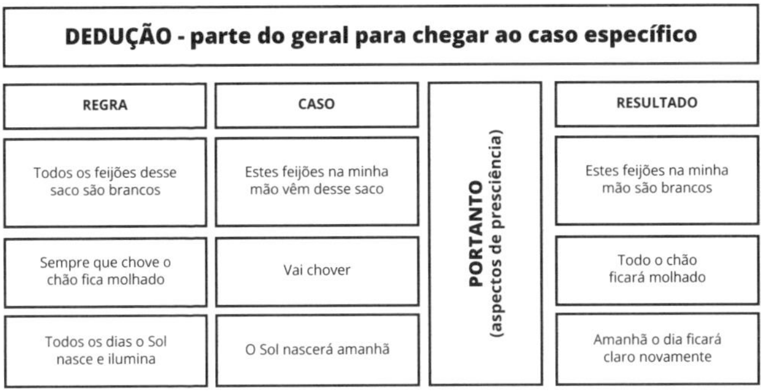

Figura 3.8 Representação esquemática do processo dedutivo.

A dedução, portanto, lida com um mundo já codificado e, mesmo que esteja em constante reconfiguração, provocada por novas descobertas, é um processo bastante valioso para gerar uma presciência sobre um determinado fenômeno sem que seja necessário experimentá-lo novamente. Nesse sentido a dedução tem um aspecto de predição que me permite saber de algo mesmo quando não tenho uma confirmação direta. Não preciso esperar pelo dia de amanhã para saber que o Sol nascerá, também não preciso esperar chover para saber que a chuva molhará o chão nem preciso ver os feijões que estão na minha mão para saber que eles são todos brancos.

O lugar do observador

Há algumas questões importantes que precisam ser consideradas. A primeira é que o que marca a diferença entre os três processos de inferência não é uma mudança nas condições externas ao observador, mas é uma mudança do lugar de visada do próprio observador. É a localização topológica inicial do observador com relação ao fenômeno que vai determinar o processo de inferência que será praticado (Fig. 3.9).

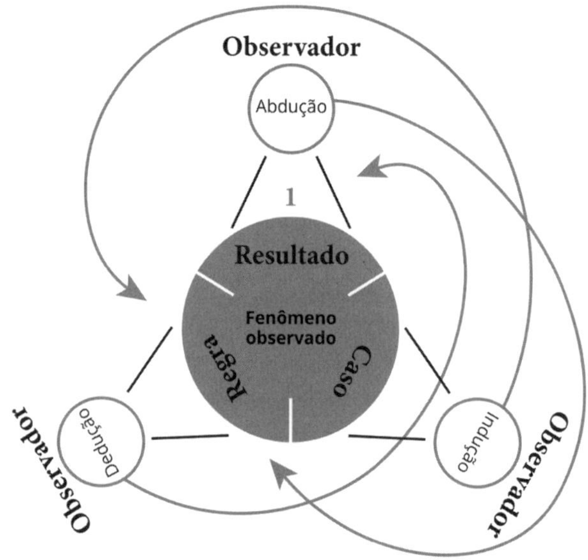

Figura 3.9 Posição topológica do observador e a sua movimentação em torno do fenômeno observado.

A abdução ocorre quando um observador parte da visada de um resultado e, auxiliado por um caso específico, formula uma regra hipotética que justifique o fenômeno observado, no sentido de legitimá-lo. A indução ocorre quando o observador parte da visada de um caso específico, de um fenômeno que está em curso, e, por meio da verificação experimental, pode induzir uma regra geral sobre aquele fenômeno. Já a dedução ocorre quando o observador parte da visada de uma regra geral que serve para analisar um caso específico para saber qual será o resultado que aquele fenômeno produzirá.

A segunda coisa a ser considerada é que não devemos descartar a possibilidade de o raciocínio dedutivo interferir sobre o nosso processo abdutivo. Aliás, é bem possível que o raciocínio dedutivo se instale de forma semiconsciente e que, de maneira igualmente semiconsciente, oriente as nossas escolhas por hipóteses adequadas para lidar com um determinado fenômeno. Se assim for, tal situação configuraria um caráter circular e tautológico aos processos inferenciais e haveria apenas um processo de significação, compreensão e explicação do mundo que ainda não foi suficientemente explicado na sua globalidade. A questão da circularidade, no entanto, não muda o fato de que o observador assume diferentes localizações topológicas em torno do fenômeno em cada uma das situações inferenciais. Em cada uma dessas localizações topológicas o observador só pode partir da visada de um elemento (veja a Fig. 3.9). Um caso clássico – e muito comentado por seu caráter peculiar – é aquele referido como um processo abdutivo por Douven (2017) sobre o planeta Urano. Entendo, porém, que o exemplo vai além de ilustrar a abdução e pode ilustrar também o comportamento circular das inferências e o posicionamento do observador em diferentes posições. A história conta que, no início do século XIX, tomando como base a teoria da gravitação universal de Newton, descobriu-se que a órbita de Urano não estava se comportando conforme o previsto. Considerando que na época se sabia que Netuno era o último planeta do sistema solar, a coisa mais lógica que se poderia pensar é que havia algum erro na teoria de Newton. No entanto, dois astrônomos, John Couch Adams (que não publicou seus resultados) e Urbain Leverrier, independentemente um do outro, sugeriram que deveria haver um oitavo planeta após Urano, o planeta que hoje conhecemos como Netuno. Ora, ambos estavam lidando com os efeitos desconhecidos provocados por um fenômeno, com a visada no resultado, expresso pela trajetória anômala do planeta, e geraram uma hipótese de que deveria haver um oitavo planeta (um caso: será que há um planeta para além de Urano?). Reevocaram, então, a lei geral de Newton, percorrendo um processo tipicamente abdutivo, como sinaliza Douven. No entanto, foi da própria lei de Newton, tomada como correta e insofismável, que eles partiram para, com bastante assertividade, afirmar que havia um oitavo planeta no sistema solar. Essa foi uma previsão tipicamente dedutiva que foi confirmada somente alguns anos mais tarde, com a efetiva visualização de Netuno.

Uma terceira questão é que, de maneira prática, não passamos a vida conferindo se tudo o que nos é dito corresponde realmente aos fatos. Ao aceitar o discurso do outro, estamos automaticamente aceitando e legitimando o processo abdutivo. Talvez essa inconsistência e vulgaridade ao tratar a informação é que nos leva a ouvir frequentemente que a abdução não é um processo de inferência afeito à Ciência, mas não é bem assim. É verdade que muitos erros foram cometidos por inferências abdutivas inconsequentes e não dispostas à verificação científica, mas também é verdade que são inúmeros os exemplos que afirmam a abdução como um processo válido e necessário à Ciência. Por mais que se queira atribuir à abdução um papel secundário na construção dos argumentos científicos, sejam eles teorias ou leis, prefiro seguir o caminho daqueles que pensam que a Ciência é sempre aproximativa e está fundamentalmente apoiada nas construções abdutivas. Há, inclusive, discussões sobre qual seria a inferência mais adequada ao pensamento científico. Ilustro meu ponto de vista mais adiante, porém é preciso deixar claro que existem outras posições, algumas radicalmente diferentes da minha. Se o leitor quiser se aprofundar nesse assunto, tomado pelo aspecto da abdução, sugiro o texto de Douven, pois, além de fazer um resumo breve, mas bastante cuidadoso, ele aponta diversos estudiosos de referência no campo. Voltando ao assunto, sintetizo da seguinte maneira o que penso: antes de ligarmos uma coisa à outra, temos que desconfiar de que pelo menos essas duas coisas estejam ligadas. Não há outro modo de desconfiar da ligação entre essas duas coisas a não ser pelo processo abdutivo, pois é por meio dele que seremos capazes de colocar entre uma coisa e outra aquilo que falta para as conexões entre as duas coisas aparecerem. Aquilo que foi posto entre as duas coisas é o que chamamos de hipótese, é uma possibilidade de que, com bastante probabilidade, as coisas funcionem ou sejam da maneira como nós as pensamos. Por mais que isso possa incomodar os críticos da abdução – que negam o fato de a Ciência ser guiada por processos abdutivos e afirmam que tais processos não têm nenhuma validade lógica –, o que faz mover os nossos primeiros passos na direção do conhecimento de algo é justamente a intuição desencadeada pela nossa percepção ou, em outras palavras, desencadeada pela abdução. Somente com a hipótese gerada (de forma intuitiva) posso verificar caso a caso empiricamente e, por meio da indução, propor uma regra de funcionamento para um determinado fenômeno que se repete um certo número de vezes. A menos que todos os casos tenham sido analisados, nunca teremos a certeza de que aquilo que estabelecemos como lei está efetivamente correto. Desse modo, o processo dedutivo, considerado por muitos pensadores a base estruturante do mais correto pensamento científico, só será rigorosamente acurado se for acurada a regra geral sobre a qual se baseia. Não nos esqueçamos, porém, que a regra geral nasce de um processo abdutivo e é confirmada por um processo indutivo. Ambos são processos inconcludentes, visto que não se pode asserir com toda a certeza que as regras foram escritas depois de todos os casos terem sido analisados. O mais corriqueiro, no entanto, mesmo no pensamento científico, é passar o fenômeno por sucessivas comprovações até que, a partir de um certo número de casos, julgamos que há uma quantidade de informação suficiente para afirmar que uma coisa acontece de acordo com determinada regra. E, de resto, pode-se dizer que o fato de alguém não querer que na base desse processo esteja o pensamento abdutivo não quer dizer que ele não esteja lá!

4. Triângulo semiótico: o signo para Peirce

Como vimos no capítulo anterior, nada pode existir se não estiver em relação a uma outra coisa qualquer. Especificamente, dissemos que, para um significante existir na mente de alguém, ele tem que estar em relação diádica com um outro significante, mas tal afirmação, apesar de não estar equivocada, exclui a ideia de signo admitida pela semiótica. Podemos começar este capítulo esclarecendo, com as próprias palavras de Peirce (CP 1.346 Cross-Ref:††), que: "um signo é algo, A, que denota algum fato ou objeto, B, para algum pensamento interpretativo, C". A semiótica explica o signo em sua constituição triádica, em uma partição com objeto, signo e interpretante. Signo é algo que tomará o lugar do objeto e passará a representá-lo. Já o interpretante está associado ao significado que emerge da compreensão que temos da relação entre o objeto e o signo. Talvez a contribuição mais inusitada e útil do trabalho de Peirce seja a ideia de haver no processo de significação um interpretante (ou representação mediadora) como mediador da compreensão que se tem da relação entre o objeto e o signo. Peirce não se limita a pensar em um objeto e sua representação, mas consegue intuir a presença de um comportamento de significação por meio do interpretante.

Apesar de haver um paralelo, a semiose é um processo de significação muito distinto do processo explicado pela psicanálise, e conseguimos estabelecer muito pouca correspondência entre eles. Da complexidade do processo de significação na semiótica trataremos mais adiante, ao falarmos de semiose, portanto, decidi explicar o signo para Peirce primeiro por meio daquilo que entendo ser sua síntese explicativa, ou seja: o triângulo semiótico e suas instâncias. Em seguida, procurarei delimitar o que é semiose e como se dá a dinâmica de significação. Por fim, já no Capítulo 5, colocando em relação a cadeia de significantes com a semiose, procurarei entender o que a ideia de signo para a semiótica tem a ver com a ideia de signo para a psicanálise de Lacan.

Na obra de Peirce vamos encontrar muitas denominações para a tricotomia do signo, como qualidade, relação e representação, que ele usou para definir as três instâncias do pensamento. Esses termos foram alternados com tantos outros. *Qualidade* pode se confundir com o próprio objeto. *Relação* às vezes foi substituída pelos termos índice, representámen ou mesmo a palavra signo. *Representação* foi muitas vezes tratada como mediação pelo papel que desempenha na construção do pensamento. Acabaram afirmando-se os termos primeiridade, secundidade e terceiridade para as três instâncias do pensamento, pois, dessa forma, sendo neologismos cujas definições estavam sendo construídas, poderiam abraçar várias explicações possíveis até se chegar a uma síntese. O fato de o signo ser algo constituído por três partes não é uma mera constatação fenomenológica de Peirce (CP 1.355 Cross-Ref:††). Ele tinha uma orientação confessa para a organização em tríades, e não foi diferente com sua descrição do signo.

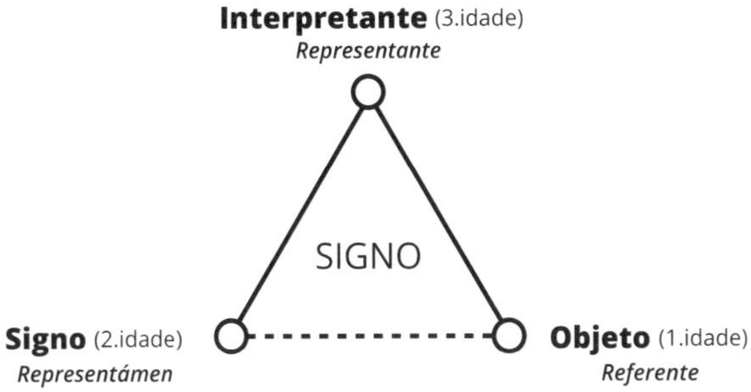

Figura 4.1 Triângulo semiótico apreendido a partir do livro Collected papers, *de Peirce.*

Já encontrei o triângulo semiótico representado de diversas maneiras. O da Fig. 4.1 é um triângulo que pude apreender da obra de Peirce, no conjunto dos já citados *Collected papers*. À primeira vista pode parecer que há uma incoerência, pois o inteiro signo tem na posição de secundidade, onde está o representámen, também a designação de signo. Essa aparente inconsistência lógica será explicada e superada à medida que avançarmos no texto, sobretudo quando discursarmos sobre a semiose. Por ora, precisamos entender o mecanismo expresso na Fig. 4.1, que para a semiótica remete ao funcionamento de nossas mentes. Existem muitas teorias que procuram explicar a natureza das linguagens e aquilo que o signo é dentro desse complexo mecanismo, porém ainda não há uma teoria unificadora dessas muitas proposições teóricas. Não há, ainda, um consenso com relação a seu funcionamento e aos componentes desse sistema e tampouco com relação à nomenclatura utilizada. Imaginando que Peirce tenha um modelo mais universalizante, procurei organizar alguns termos em torno da sua proposta triádica. A Fig. 4.2 apresenta os três estádios do signo presentes na obra de Peirce e se faz seguir de alguns outros termos, uns usados pelo próprio autor e outros presentes exclusivamente na obra de outros autores.

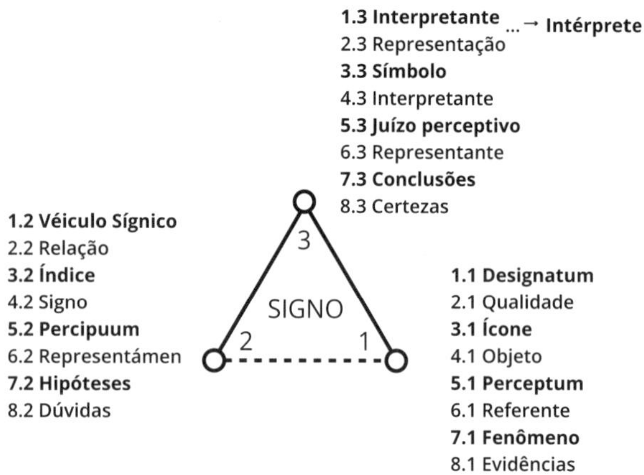

Figura 4.2 Terminologias equivalentes observadas e propostas novamente no triângulo semiótico.

Essas várias divisões do signo foram reinterpretadas e repropostas no triângulo semiótico. No entanto, deve ficar claro que muitas vezes a terminologia usada por outros autores se distancia completamente daquela sugerida por Peirce. Nesses casos, a imagem que segue é muito mais uma sugestão para o emprego adequado dos termos do que uma compilação dos termos utilizados pelos mais diversos autores. Muitos consideram a estrutura triádica a partir de pontos de vista muito diferentes deste que está sendo apresentado. Num exame do trabalho de Ogden e Richards (1923/1989), por exemplo, percebemos que eles apresentam o triângulo semiótico de forma expressivamente diferente daquela proposta por Peirce, embora os autores tenham uma explicação bastante semelhante para os processos de significação. Cito-os porque suponho que a visualidade "diferente" do triângulo de Ogden e Richards, sobretudo na linha tracejada, contaminou e confundiu alguns estudiosos da semiótica que usam aquela imagem gráfica com a explicação presente no discurso de Peirce, levando, assim, a algumas inconsistências conceituais. Um desses autores foi Umberto Eco (1981), que sugeriu, inclusive, que Ogden e Richards usam o termo "símbolo" no lugar do termo peirciano "signo". Na verdade, o que eles fazem é colocar a linha tracejada em outra posição, e isso acaba por gerar uma grande diferença conceitual entre o triângulo semiótico apresentado por eles e aquele elaborado por Peirce (Fig. 4.3).

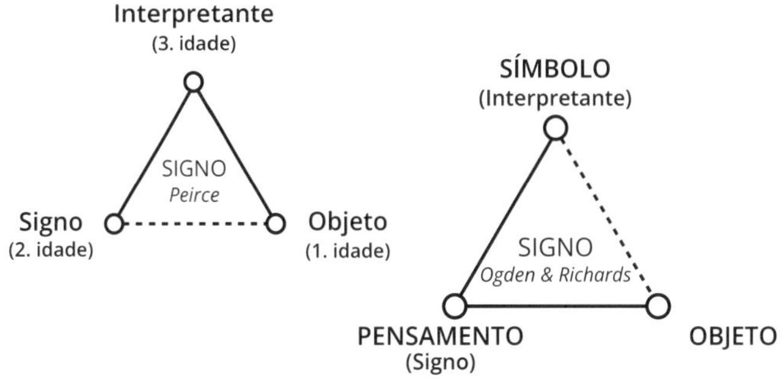

Figura 4.3 O triângulo semiótico de Peirce em confronto com a interpretação de Ogden e Richards.

Na seção "Inferências: jogo de lacunas e presenças" do Capítulo 3, mostrei as ligações entre diferentes significantes na constituição dos significados e como os significados podem ser alterados em função de como organizamos os significantes, mas aquelas figuras ilustram também, como propõe Peirce, a transformação de significados em novos significantes. Apesar de Peirce demonstrar entender bem esse processo, a explicação dada pela psicanálise é bem mais acurada. De qualquer forma, sobre essa questão do encadeamento das ideias, Peirce diz sermos dependentes de representações precedentes (conclusões que já tivemos sobre outras coisas ou, dito com outro nome, terceiridades) para conseguirmos ligar o objeto (referente, fenômeno ou primeiridade) àquilo que pensamos que ele possa ser (a sua hipótese ou a secundidade). Por isso, a linha tracejada no triângulo de Peirce liga o objeto àquilo que pensamos que o objeto seja, isto é, o signo na sua secundidade, pois essa relação tem que ser mediada por representações já cristalizadas nas nossas mentes. Ogden e Richards dizem, no entanto, que são os nossos pensamentos (estado de secundidade) que conectam os objetos (a primeiridade) à sua representação (a terceiridade). Por isso, a linha tracejada no triângulo semiótico deles está posta na ligação entre o objeto e a sua representação, pois essa é uma relação mediada por uma ação do pensamento. O fato é que os dois triângulos, atrelados à própria explicação, estão corretos: enquanto Peirce prepara o triângulo semiótico para acatar as estratificações e progressões dinâmicas que a semiose impõe, quase como um *storyboard*, e garante que os signos são interpretantes de signos anteriores, Ogden e Richards fazem um retrato fiel do momento exato de uma significação, como uma fotografia. O que não funciona é vincular a imagem de um ao discurso do outro. Vemos isso acontecer em muitos textos sobre semiótica, sobretudo a "semiótica aplicada" (como se alguma semiótica pudesse não ser aplicada, dado o seu caráter pragmático), e ser repetido por muitos outros autores incautos. Uma das inconsistências conceituais mais comuns é o fato de alguns autores afirmarem que o signo (ou representámen – o signo na sua secundidade) em seu estado absolutamente provisório é o responsável pela conexão entre o objeto (referente) e a sua representação (representante). Na verdade, o que Peirce entende é que são as nossas convicções (ou representantes, ou interpretantes – o signo na sua terceiridade) que atuam como mediadoras – e nunca como conectoras – entre o objeto (referente) e o signo (representámen).

Outra questão delicada com relação ao triângulo semiótico são as muitas metáforas ligadas à sua figura. A ideia geral da qual derivam as várias metáforas é a tricotomia do signo em primeiridade, secundidade e terceiridade. Via de regra, somente o objeto, como fenômeno, por suas qualidades físicas, está em posição de primeiridade. Tratar o ícone na posição de primeiridade é somente uma das muitas metáforas triádicas existentes, pois o ícone é já, por si mesmo, uma representação. O ícone apenas está no lugar do objeto fingindo sê-lo. Então ícone, índice e símbolo estabelecem entre si relações semelhantes àquelas relações existentes entre objeto, signo e interpretante. Não há dúvida de que tanto o objeto quanto o ícone são portadores de uma certa quantidade de evidências que são apreendidas e usadas como indícios de algo que se está formando na mente de alguém. Os indícios nos assaltam com incertezas e dúvidas até que, buscando confirmações, essas dúvidas se tornam certezas. O resultado desse processo é o estabelecimento de uma representação finalizada; é a constituição de um símbolo cristalizado que guarda poucas relações com o objeto/ícone de origem; é aquilo que será usado como um interpretante de algo que existe, aquele objeto/ícone que foi o *input* que deu origem ao processo, mas para onde não olhamos mais depois de tê-lo representado. Devemos fazer, porém, uma consideração relevante nesse processo, pois, ao passo que as evidências relativas ao objeto estão estavelmente plantadas no real, as evidências relativas ao ícone estão apoiadas de forma lábil na matéria movediça da realidade, sujeitas a todo tipo de interferências e alterações.

Indo na direção contrária da metáfora ícone-índice-símbolo, há outra metáfora bastante recorrente na literatura. Trata-se do processo perceptivo que Peirce subdivide em perceptum, percipuum e juízo perceptivo. Sobre o assunto não há muita clareza na obra de Peirce, e essa falta de clareza estimula uma série de interpretações divergentes. É necessário um pouco de suposição para formalizar um discurso estruturado em torno do assunto, mas o que pode ser dito, com certeza, é que Peirce vincula dois objetos à percepção: um dinâmico e outro imediato. Antecipo dois posicionamentos interpretativos meus sobre o discurso de Peirce nesse tópico: (1) quando vincula o objeto dinâmico à realidade como se o objeto fosse proveniente dela (Peirce, CP Cross-Ref:†† 4.536), está na verdade falando que o objeto dinâmico provém do mundo fenomenológico ou, pelo menos, provém daquilo que ele mesmo chama de real, visto que, em outras ocasiões (Peirce, CP 5.405 §4. Reality; CP 5.432 Cross-Ref:††), ele está plenamente de acordo com a ideia de que a realidade já é uma interpretação; (2) quando Peirce fala que existem somente dois objetos, parece-me que faltou a ele estabelecer um terceiro objeto que não está citado, mas que fica implícito em seu texto. Declaradamente ele cita o objeto dinâmico como um pré-objeto ligado ao estádio do perceptum; ele cita também o objeto imediato como um objeto interpretado que está ligado ao estádio do percipuum e ao juízo perceptivo. Não distingue, no entanto, um objeto ligado ao juízo perceptivo que é capaz de cristalizar o objeto imediato dando-lhe um significado fechado para que o objeto possa ser operado mentalmente. Defendo, então, a existência de um *objeto final* que, mesmo não sendo mencionado por Peirce, representa o objeto imediato cristalizado (e que se confunde com o signo). Esse processo ficará mais claro quando falarmos da semiose e da relação entre a semiose e a cadeia de significantes proposta por Lacan.

Aquisição do fenômeno, instâncias do signo e semiose

Ao definir semiose, Peirce diz que se trata de uma ação ou de uma influência que é, ou envolve, uma cooperação entre três sujeitos: objeto, signo e interpretante (Peirce, CP 5.484 Cross-Ref:††). Outros tantos termos foram usados por Peirce em situações de tríade, sendo que, por vezes, usou a denominação qualidade, relação e representação como termos correlacionados, respectivamente, a objeto, signo e interpretante. À medida que maturou sua teoria, pela flexibilidade que os neologismos permitem, passou a usar as denominações primeiridade, secundidade e terceiridade (CP 2.418 Cross-Ref:†† – §6. The conceptions of quality, relation, and representation, applied to this subject). Peirce deixa muito claro que não há como haver semiose nos processos monádicos (de qualidade) nem diádicos (relacional), mas apenas nos processos triádicos (representacionais). É por esse motivo que o bom entendimento da semiose depende do entendimento dessas três categorias da representação dos objetos por signos, importando bem menos os nomes que lhes queremos dar.

Há, porém, outra questão relevante no entendimento da semiose. É na mente do observador que o processo ocorre, portanto, o êxito de cada observador será distinto em base ao próprio *modus* linguístico. Por *modus* linguístico entendo tanto a maneira individual como cada observador opera os signos quanto o tipo e a quantidade de informação que ele carrega consigo. Na seção "Realidade e ficção: há sempre uma dose de invenção" do Capítulo 1, eu disse, por meio de um exemplo, que a invenção é parte incondicional na construção do sistema realidade-ficção, e disse que retornaria ao exemplo quando fosse explicar a semiose. O exemplo considerava alguém com uma fotografia nas mãos que retratava uma pessoa sentada à mesa com uma xícara de café nas mãos. Essa pessoa tinha a possibilidade de interpretar a foto de várias maneiras: poderia entender que se tratava de alguém em casa tomando um café; de alguém no trabalho ou mesmo em uma cafeteria, mas estava praticamente descartada a possibilidade da pessoa ser um profissional degustando um café. O observador só pode descartar essa opção, porém, se ele souber como é estruturado e como se procede em um ambiente organizado para a degustação de café. Portanto, ele precisa formar um repertório de conhecimento sobre a cultura da degustação do café: ele precisaria saber que a degustação do café é um processo padronizado; que não estavam sendo usados os recipientes adequados; que não havia uma cuspideira;

que não havia um enxaguante para a boca etc. Mas não é somente o repertório de conhecimento sobre uma situação específica que interfere em nossos processos cognitivos, pois as experiências geram repertórios muito mais distintos do simples conhecimento formal, os quais podem estar relacionados a conteúdos de outra natureza advindos de experiências: de natureza emotiva; de natureza perceptiva (de semelhanças e diferenças ou de contiguidades e descontinuidades); de gosto estético; de moralidade etc. Se o ambiente e a luz da fotografia forem semelhantes àqueles da cafeteria que o observador costuma frequentar, talvez ele relacione a fotografia com uma cafeteria; se, porém, ele tem aquelas xícaras em sua casa, talvez ele possa pensar que se trate de alguém tomando café em sua própria casa. Ou pode acontecer de a pessoa retratada, ainda que não se veja o rosto, ser parecida com um colega de trabalho com quem ele costuma tomar café nos intervalos; nesse caso, talvez ele possa pensar que se trate de um ambiente de trabalho. Todas essas inferências são admissíveis e partem do pensamento aberto do observador diante das variadas possibilidades que se apresentam diante dele. A menos que o observador, guiado por fatores ignotos, decida por uma dentre as muitas alternativas de significado, as possibilidades de significação continuarão abertas. O que o observador fará quando quiser – ou precisar – encontrar um significado e não houver elementos suficientes para que ele possa tirar uma conclusão? Será que podemos afirmar que ele fará uso daquilo que comumente é chamado de intuição? Peirce parece querer descartar a ideia de uma intuição inexplicável que prescreva um dentre os muitos significados possíveis, ou, mais distante ainda, uma intuição que tenha um poder premonitório. Para ele há sentido em falar sobre intuição somente se a considerarmos "uma cognição não determinada por cognições prévias do mesmo objeto e, portanto, determinada por algo que está fora da consciência" (CP 5.213 Cross-Ref:†† – 213). Com essa afirmação, já que o processo de significação implica chegar necessariamente a uma conclusão e a cognição pode permanecer no campo do especulativo, Peirce consegue separar o processo de significação – ou pelo menos uma grande parte dele – do processo de cognição, mas ainda não explica o que é a intuição, se considerada como "algo que está fora da consciência". Parece que a questão que não se consegue resolver aqui é: como é que algo que existe exclusivamente no mundo externo passa a existir como consciência na mente de alguém? Sabemos que quem escolhe a coerência para um fenômeno qualquer é o observador, mas como é que ele faz tal escolha? Como adquirimos as informações provenientes do fenômeno? Em resumo, como é que o observador consegue dar um nexo razoável para o mundo que o circunda? Mesmo com todo o esforço de Peirce, o estruturalismo semiótico não consegue sequer se aproximar de uma resposta razoável para essas perguntas. Graças a seu aspecto mais existencialista, a psicanálise tem mais instrumentos para encontrar uma fala coerente que explique a intuição, mas, mesmo assim, ainda não consegue dar uma justa resposta para essa pergunta, e as explicações são um pouco apriorísticas e/ou metafísicas. Com relação à fala de Peirce, a situação é clara. O máximo que conseguimos afirmar sobre a intuição, mas indo um pouco além da fala do próprio Peirce, é que: (1) todas as conclusões são afirmações múltiplas e ponderadas, portanto, são determinadas por juízos e, por isso, está excluída a possibilidade de serem determinadas por uma ação intuitiva; (2) as premissas também são afirmações, mas essas são singulares e não ponderadas e, por isso, muitas vezes elas podem ser determinadas por mecanismos que não envolvam a emissão de um juízo; (3) nos casos em que a cognição envolve qualquer tipo de juízo, fica excluída a possibilidade de a intuição estar envolvida; (4) nos casos em que a cognição não envolve um juízo, mas é definida por fatores externos à consciência, tanto pode acontecer de essa cognição ser modelada por cognições prévias não conscientes quanto diretamente pelo objeto transcendental, e Peirce entende como intuição somente essas duas situações; (5) ainda que um observador possa formar um juízo para uma cognição a partir de uma intuição e que possa ter uma intuição a partir da cognição que foi definida por um juízo, ambos, juízo e intuição, são mecanismos mutuamente supressórios.

Dessa forma, podemos dizer que Peirce chama de intuição a cognição que tenha sido estabelecida por cognições prévias não conscientes ou desencadeada diretamente por um objeto ainda não mentalizado. Falando de outra forma, a intuição é uma premissa não conclusiva que, mesmo não permitindo que a significação seja completada, pode desencadear um prosseguir de cognições de maneira semelhante àquela que o signo faz com a significação. Nada se explica, porém, sobre como o mecanismo da internalização do mundo externo ocorre. Diante do insucesso da Semiótica clássica em lidar com a questão, poderíamos tentar encontrar na Psicanálise alguma resposta para o processo de internalização do mundo externo e, tendo uma visão mais complexa, que inclui o indivíduo no processo de significação (que faz emergir o sujeito), a psicanálise consegue, até certo ponto, dar uma resposta relativamente satisfatória sobre como as coisas que estão externas à consciência são internalizadas. Considerando que estamos aumentando a complexidade de nossas análises, convém, neste ponto, distinguir os termos que estamos usando. Mente, consciência e intuição são termos que algumas vezes se sobrepõem e outras vezes são intercambiados, mas não há nenhuma equivalência entre eles. Peirce fala, por exemplo, de uma "consciência-intuitiva", portanto, intuição não é consciência; consciência não é a mente e nenhuma dessas coisas está desconectada do corpo. É importante lembrar que foi no Ocidente positivista, a partir de Descartes, que a mente e o corpo foram aos poucos sendo separados. Teríamos de considerar toda uma discussão filosófica, desde Descartes e Kant até as correntes mais contemporâneas, sobre a questão da intuição como o fator que desencadeia as inferências. Descartes se apoia na ideia metafísica e apriorística do se-penso-logo-existo, enquanto Kant a coloca no campo do sensível. Peirce recorre à teoria de Kant para explicar a semiose, sobretudo no momento em que o observador entra em contato com o fenômeno. Peirce reconfigurou o sensível kantiano nas suas três categorias do signo quando abordou as escolhas feitas pelo observador nos três estádios semióticos da primeiridade, secundidade e terceiridade. A intuição está relacionada, portanto, às escolhas que um indivíduo faz; contudo, mesmo com o auxílio da psicanálise, que consegue explicar as pulsões, os impulsos e os instintos como os motores que movem as nossas escolhas a partir de uma base biológica, não se dá conta de explicar exatamente como a mentalização de algo ocorre.

Atualmente são bem poucos aqueles que ainda veem corpo e mente como separados. Algumas sociedades antigas, outras primitivas ou aquelas que estavam longe de abraçar o pensamento cartesiano, na maior parte das vezes, não viam/veem essa separação. Mesmo no Ocidente, sempre houve quem duvidasse dessa separação, como Spinoza (1632-1677) no seu *A natureza e a origem da mente*, que procurava unir corpo e mente em uma instância, ou melhor, em uma substância superior. Nas disciplinas científicas e também nas artes do final do século XVIII, início do século XIX, já começava a ser recuperada, em parte, a noção de que corpo e mente não eram coisas dissociadas. Goethe (1749-1832), com a teoria das cores; Ernst Mach (1838-1916), na sua fisiologia da percepção; Oscar Wilde (1854-1900), na literatura, foram capazes de verbalizar essa relação entre mente e corpo. Em 1895,[1] Freud (1950/1990)

1 Em 1950 foi publicada a obra completa de Freud e no Prefácio de Freud à Coletânea dos escritos breves sobre a teoria das neuroses de 1893 a 1906, o autor apresenta seu Estudo sobre a histeria, publicada com Josef Breuer em 1985, quando já estava exposto seu entendimento sobre a relação que existe entre a

aponta claramente um vínculo entre o corpo e a mente demonstrando algumas relações recíprocas de causa e efeito: a mente poderia influir sobre a saúde do corpo e fenômenos físicos externos à mente poderiam afetar a saúde mental. Atualmente, acho que não há dúvidas sobre os efeitos psicossomáticos e somatopsíquicos, mas nem todo mundo está pronto para aceitar que corpo e mente fazem parte de um mesmo sistema. O único modo que encontrei para dar mais um passo na direção do entendimento de como ocorre a mentalização foi escapar tanto da Semiótica quanto da Psicanálise (ainda que volte a abraçá-la mais adiante). Apoio-me, então, em Antônio Damásio (1994, 2010), que acredito nos dar uma grande ajuda nesse entendimento. *Grosso modo*, ele diz que o primeiro mecanismo de interação interna como meio externo é movido pela manutenção da vida na busca da homeostase. Algum leitor atento e mais envolvido com a psicanálise talvez possa redarguir dizendo que Freud já se referia às pulsões, inclusive mais físicas, que atuam em nossa psique e determinam nossas escolhas inconscientes. De fato, é necessário lembrar que Freud comparou o funcionamento da mente ao funcionamento de uma ameba, criando fortes relações entre os processos psíquicos e os processos fisiológicos, como bem apontou Heimann (1952/2019). Para Freud, a vida é mantida pela admissão de matéria estranha, mas necessária ao funcionamento do organismo, e pela expulsão da matéria própria do organismo, mas nociva ao seu funcionamento. A admissão de elementos estranhos e a expulsão dos próprios elementos nocivos seriam os processos mais fundamentais de qualquer ser vivo,

---

mente e o corpo. Na Introdução do editor inglês, no entanto, são mencionadas as cartas de Freud a Wilhelm Fliess, também de 1895, nas quais ele discute seu Projeto para uma psicologia científica, obra que também apresenta seu entendimento da relação entre o corpo e a mente. O entendimento de Freud sobre essa relação foi, certamente, sendo construído em anos precedentes, mas é definitivamente em 1895 que esta relação é melhor explicada tanto no seu Estudo sobre a histeria como no seu Projeto.

e Freud transpõe esse conceito para o funcionamento da mente, dizendo que a projeção daquilo que chamamos de Eu (Self) e a introjeção no Eu (Self) de elementos a ele estranhos obedecem, em linhas gerais, aos mesmos mecanismos de sobrevivência. Nesse sentido, pode-se explicar o mecanismo das pulsões proposto por Freud (fonte, finalidade, pressão e objeto) e, de alguma forma, podemos fazer Freud conversar com a visão de Damásio. Enquanto Freud observa a questão pela compensação orgânica do desequilíbrio, Damásio inclui todos os processos pela busca dessa mesma homeostase, inclusive aqueles físico-químicos, como o primeiro passo para o organismo interiorizar o mundo externo. Ambos nos lembram que não é necessário sequer que o organismo seja dotado de um cérebro para que o intercâmbio de elementos químicos pela vida seja buscado, e que até mesmo um ser unicelular é capaz de executar uma ação espontânea ou uma ação em resposta ao ambiente. Damásio acrescenta algo de novo à proposição de Freud ao buscar em Poincaré o substrato para delinear sua ideia, que implica uma mudança de visada, deixando mais claro que não existe a escolha de um observador externo ou um sujeito ativo que olha uma série de mercadorias em um mercado e decide por aquela mais adequada; trata-se, isso sim, de uma situação compulsória. Para ilustrar, Damásio narra a cena de um esquilo em seu jardim que reage escapando quando vê um gato:

> *Por uma perspectiva evolutiva, o dispositivo de tomada de decisão mais antigo pertence à regulação biológica básica; o seguinte, ao âmbito pessoal e social; e o mais recente, a um conjunto de operações abstrato-simbólicas sob as quais podemos encontrar o raciocínio artístico e científico, o raciocínio de engenharia utilitária e os desenvolvimentos da linguagem e da matemática. Mas, apesar do tempo de evolução transcorrido, e de*

> *os sistemas neurais dedicados poderem conferir alguma independência a cada um desses "módulos" de raciocínio e tomada de decisão, suspeito que eles estejam todos interligados. Quando presenciamos indícios de criatividade nos seres humanos contemporâneos, estamos provavelmente testemunhando o funcionamento integrado de diversas combinações desses dispositivos. (Damásio, 1994, p. 191)*

Se mesclarmos um pouco a noção psicanalítica de Freud com a proposta de Damásio, acho que podemos chegar a uma primeira fórmula. Voltando à metáfora freudiana, podemos construir o seguinte: a fonte da sede é a falta de água no organismo e a necessidade de hidratação; a finalidade é a busca pela homeostase; a pressão é a energia que alguém despende para satisfazer essa necessidade (quanto maior for a sede, maior será a energia que uma pessoa estará disposta a gastar para atingir o equilíbrio homeostático); e, por fim, objeto é qualquer coisa intermediária que alguém usa para conseguir cumprir seu objetivo de homeostase (desde o ato de se levantar, passando pela possibilidade de usar um contentor de água, até efetivar a ingestão da água). Damásio, a meu ver, acerta quando diz que a homeostase está na base da consciência que temos do mundo externo e que esse "módulo básico" convive com o módulo de raciocínio pessoal e social e com o módulo abstrato-simbólico. O que não fica muito claro no discurso de Damásio é se, no caso em que a consciência já tenha sido formada, podemos interiorizar o mundo externo sem que os mecanismos de manutenção da vida ou de busca pela homeostase estejam envolvidos. Parece que para alguns seres vivos a manutenção da vida se torna algo bem mais complexo do que escolher o que faz bem ou faz mal para o organismo. Freud foi capaz de ilustrar, de muitas maneiras e por meio de situações concretas, como no caso do pequeno Hans, que tanto a pulsão de vida quanto a pulsão de morte convivem conosco o tempo todo e nossas escolhas nem sempre são feitas para a manutenção da vida. Nossas significações tanto podem estar atreladas a demandas internas que buscam o prazer, a inventiva e a perspectiva de construção no futuro quanto podem estar atreladas a uma busca do sofrimento, da paralisia e da destruição. Há, porém, o outro lado da moeda, pois, quando ainda não há um indivíduo para decidir; quando o corpo e a mente ainda não foram atravessados pela cognição daquele fato e quando tanto o corpo quanto a mente deverão se confrontar com os limites da percepção, será o corpo quem atuará para que a cognição ocorra. Nesse momento o observador apenas é sensibilizado por algo que reside naquela área de sombra ainda não mapeada pela consciência nem pelo inconsciente. A melhor resposta que consigo encontrar para entender como se dá a apreensão do mundo externo nessas circunstâncias é aquela elaborada por Damásio de que os marcadores-somáticos atuam como agentes da atenção. Esses marcadores-somáticos não tomam as decisões por nós, apenas chamam a nossa atenção. São eles que evidenciam as possibilidades tanto de adversidade quanto de benefício e, antes da mente, será o corpo que responderá àqueles impulsos sensoriais. Damásio entende que o corpo antecede a mente. A consciência para ele é uma das faculdades de nossa mente, portanto o corpo também antecede a consciência. Isso implica uma concepção do real ligada à nossa constituição sinestésica. Podemos dizer que na base do nosso conhecimento está o sentir e não o saber, pois só sabemos porque somos capazes de sentir, e não é à toa que, como ilustra Damásio por meio de diversos casos, com o corpo desconectado da mente a consciência cessa de existir. Acredito, no entanto, ao contrário de Damásio, que não existe uma consciência fora da linguagem que seja causalista e intencional. Prefiro aderir à ideia de Lacan, para quem nada precede à linguagem. As bases mais rudimentares dessa linguagem podem estar justamente na relação dos marcadores-somáticos (que existem no real) com os fenômenos (que também existem no real). Quem sabe essa "conversa" entre o mundo interno e o externo não começa justamente na possibilidade de ligação de um elemento real interno com outro elemento real externo? Se tomarmos o conceito de noesis, que designa um saber direto e intuitivo, os marcadores somáticos indicariam a existência pré-noética da relação do corpo com o ambiente que o circunda, mas não excluiria de forma alguma a existência de uma linguagem que regula essa relação. A linguagem, então, passaria a ser cada vez mais complexa à medida que se aproximasse da noética.

A essa altura, faço uso de outra metáfora que une o conceito psicanalítico à ideia de Damásio e ao modelo do processo de significação relativo à natureza das linguagens, apresentado no início deste livro. Após minha explicação, contarei com a colaboração do leitor para que extrapole o exemplo para além dos limites bidimensionais apresentados e o conceba como algo que ocorre em um lugar abstrato, adimensional e atemporal. Considere uma superfície infinita, sem bordas. Imagine que essa superfície está cheia de pontos densamente espalhados de maneira caótica sobre toda sua extensão. Alguns desses pontos estão inter-relacionados e outros não, mas, quando existem, as relações permanecem subjacentes, portanto inexistentes até que haja um observador que as contemple. Esse é o mundo dos fatos, o mundo onde estão as coisas extra-mentis, o mundo onde aqueles pontos ainda não se tornaram fenômenos, pois não houve quem os observasse. Cada ponto é uma particularidade que pode estar relacionada com qualquer outra, mas não temos como saber a menos que olhemos para os pontos. Temos, pois, um grande problema: para olhar para os pontos precisamos saber da existência deles e para saber da existência deles precisamos saber onde eles estão. Apresenta-se um falso paradoxo: para conseguir ver os pontos, preciso saber onde eles se localizam e, para saber onde os pontos se localizam, preciso vê-los. Se é verdade que o corpo age onde a mente não decide, então quem descobre a localização dos pontos é o nosso corpo na sua fisicidade e, nesse momento, entra em jogo a noção do sujeito como linguagem, pois o conceito de linguagem subentende uma estrutura e um padrão. Se o ser humano é estruturado como linguagem, então há uma regularidade em como o indivíduo está estruturado, assim como ocorre em uma matriz bidimensional (Fig. 4.4).

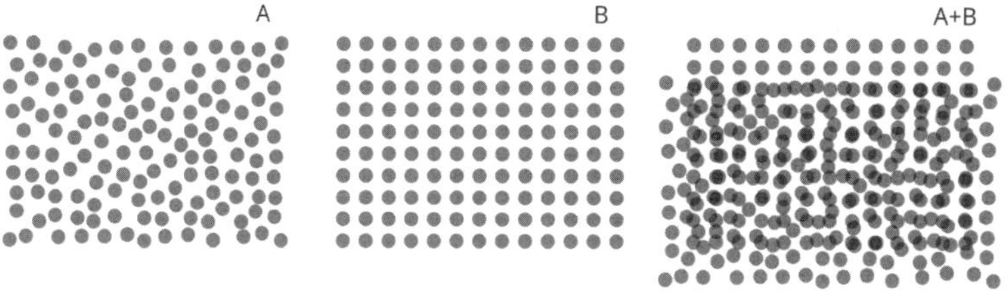

Figura 4.4 Representação metafórica da aquisição dos fenômenos. "A" representa o mundo exterior e a distribuição dos seus elementos em uma estrutura caótica; "B" representa a linguagem do indivíduo pré-noético cuja estrutura é um padrão regular; "A + B" é a interação do indivíduo enquanto linguagem com o mundo exterior, e os pontos mais escuros são os elementos que foram transformados em real.

Se a linguagem é uma estrutura regular não caótica, então existe uma distribuição discreta no eixo de x e no eixo de y de forma relacionada por uma função: $y = f(x)$. Cada ponto de coincidência entre os eixos x e y nessa matriz é um lugar sensível pronto à percepção de diferenças e à busca da homeostase. Tudo o que estiver fora do padrão da linguagem humana e, portanto, não pertencer ao $y = f(x)$ não existirá para aquele indivíduo, a menos que ele crie recursos tecnológicos para amplificar seus sentidos (adensar a função, amplificando a experiência sensível, modificando, assim, sua matriz perceptiva) e/ou consiga ampliar o alcance da sua linguagem por meio de instrumentos cognitivos (alterar a função pela ampliação do campo teórico). Suponha que essa matriz transparente e cheia de pontos ordenados seja sobreposta à superfície cheia de pontos caóticos. A matriz cheia de pontos ordenados somos nós, e o padrão de interseções que segue uma ordem é o que chamamos de linguagem. Quando colocamos essa matriz sobre aquela superfície, inevitavelmente encontraremos uma série de pontos coincidentes entre a superfície com pontos caóticos e os lugares de interseção entre o *x* e *y* da matriz da linguagem. Naturalmente encontraremos nesses pontos um primeiro lugar de reconhecimento pela sensibilidade, mas ainda não se explica como transformamos aquele elemento em algo mentalmente assimilado. Essa assimilação só pode ocorrer pelo reconhecimento de relações. É certo que o mesmo ponto pode estar relacionado com vários outros pontos que estão fora do nosso alcance de visada, mas essas relações não existirão para nós ou se apresentarão como um paradoxo, tal qual o paradoxo do gato de Schrödinger, quando tivermos uma visada apenas parcial. É certo, contudo, que haverá também uma relação estabelecida entre pontos que estarão em nosso campo de visada e será natural que, ao alterar um, o outro também sofra uma alteração. Para perceber essa alteração, basta que ambos os pontos estejam no nosso campo sensível. Temos que considerar, a essa altura, uma definição para a linguagem. Acho que um dos erros de Damásio é pensar a linguagem como um produto avançado do raciocínio, algo como uma produção cultural. Embarco nas palavras de Lacan e digo acreditar justamente no oposto: a cultura e até o próprio sujeito (com todo o self que ele seja capaz de representar) são subprodutos da linguagem. Existe uma crítica contundente ao posicionamento da psicanálise, explicitamente aquela de Freud, expressa no trabalho de Searle (1992). Suas críticas, apesar de se concentrarem sobretudo na formação do consciente e do inconsciente no tocante à intencionalidade, faz também referências aos aspectos biológicos na formação do consciente. No seu discurso, porém, não identifico nada muito diferente da fala de Freud ou de Damásio. Nas suas explanações só encontrei novamente Freud, dito de outra forma, com outras palavras e algumas contradições, tal como reconhecer as bases biológicas do consciente (isso quer dizer, portanto, que Searle reconhece implicitamente a relação entre o físico e a mente), mas não conseguir explicitar que a mente reside para além do cérebro. A meu ver, Searle falha ao não perceber que, quando transformamos fatos em representações, estamos criando uma relação entre cérebro, corpo e ambiente e que a mente, consciente ou não, é uma resultante dessa interação. Com relação àquilo que poderia realmente se distanciar de Freud, ao falar de naturalismo biológico, Searle considera que tanto a intencionalidade quanto a consciência são intrínsecas à neurofisiologia do cérebro. Para ele, a consciência é uma situação emergente dos processos neurológicos cerebrais com propriedades meramente físicas. Considero a ideia do naturalismo biológico hermética e penso que mantém obscuro o processo de aquisição dos fatos por uma mente. A meu ver, Searle percebe com muita clareza a intencionalidade intrínseca presente no corpo-mente/mente-corpo, mas não explica, em absoluto, como ocorre essa relação nem vislumbra o lugar da linguagem nas relações mais basilares dos organismos com o ambiente.

No trabalho de Damásio, há uma convergência com a psicanálise lacaniana quando ele diz que "o cérebro criou o homem", mas também Damásio se afasta da psicanálise ao explicar que há um protosself, mais antigo e muito primordial; um self central, mais atual; e que muitos seres possuem um self autobiográfico, que é uma particularidade exclusivamente humana.

Parece-me que essa escala é uma herança do pensamento de Edelman (1987/1995) sobre o darwinismo neural, mas acho que

Damásio deixou escapar um ponto crucial da teoria sobre o darwinismo neural. Edelman sustenta que há um grupo de neurônios selecionados que compõem um "mapa local" e um "mapa global". Os mapas locais são estruturas topológicas organizadas, modificáveis epigeneticamente, enquanto os mapas globais são estruturas superiores que permitem a integração dos diversos eventos seletivos que ocorrem nos mapas locais. Ele diz que esses mapas respondem a um padrão, mas também podem ser reorganizados em função de novas condicionantes. Edelman entende que o cérebro não possui um programa de regras usadas para categorizar o mundo, pois as categorias que o ser humano usa para subdividir o mundo não podem, de forma alguma, ser estabelecidas *a priori* e de forma determinada. Para ele, ao mesmo tempo que o sistema nervoso é uma herança do processo evolutivo de uma população, uniformizando o desempenho entre os membros dessa população, é também capaz de se modificar dentro das restrições herdadas para se adaptar às demandas externas. Portanto, aquele indivíduo representado pela matriz B da Fig. 4.4 pode produzir, dentro de certos limites, outras possibilidades organizacionais por meio de seus próprios neurônios, modificando-se internamente a partir de demandas externas provocatórias. Não tenho nenhum receio de admitir meu viés psicanalítico e dizer que a linguagem é o que está na base de tudo, e é ela, com suas características estruturais, que permite a construção de um raciocínio mais ou menos complexo, e não o contrário. Estou considerando linguagem o conjunto estrutural (talvez representado pelos grupos neuronais de Edelman presentes nos mapas locais e globais) cujo padrão pode ser modificado a partir das interações ocorridas com o ambiente. Não tenho receio de achar que um embrião da linguagem já está presente nas propensões de interação entre átomos; que é da conveniência das relações entre partículas, moléculas e substâncias que nasce aquilo que se conformará como linguagem em um organismo, passando pelas proposições de Freud, pelas descobertas de Edelman-Damásio, até chegar às questões mais pragmáticas da semiótica e profundamente subjetivas da psicanálise. É tudo parte de um mesmo processo com distintas complexidades.

Mas, voltando à semiótica de Peirce, tenho a impressão de que aquilo que Peirce já identificava como um processo mental, dando-lhe o nome de semiose, é algo bem parecido com o que os darwinistas vêm chamando de linguagem, mas a verdade é que a semiose é, no sentido que aqui coloco, o mecanismo que a linguagem (não só humana) usa para estruturar a realidade como representação do real. Semiose nada mais é do que o raciocínio que pode ser observado por seus aspectos tanto estáticos quanto dinâmicos. Com relação à sua estaticidade, observaremos as três instâncias do signo: primeiridade, secundidade e terceiridade. Sobre sua dinamicidade, serão consideradas as relações que as três instâncias do signo estabelecem entre si para produzir o sentido.

O que são, então, as três instâncias – ou categorias, ou estádios – do signo? Podemos resumir os conceitos de primeiridade, secundidade e terceiridade para Peirce (CP 1.356 Cross-Ref:†† e CP 1.357 Cross-Ref:††) da seguinte maneira: o primeiro é aquilo cuja existência se dá por si mesmo, não se refere a coisa alguma para ninguém nem permanece escondido atrás de nada. O segundo é aquilo que é por causa da força de algo para o qual ele é um segundo. O terceiro é aquilo que medeia as relações entre umas coisas e outras. Essa fala resumida de Peirce só tomará sentido se entendermos como se comportam os signos na dinâmica da semiose, mas, antes, avanço alguma explicação sobre as características mais estáticas dos três estádios da semiose. Aproveito, então, essa breve explicação para dizer que a primeiridade está no âmbito da percepção imediata do objeto da forma como ele está posto no real, antes mesmo que o juízo perceptivo comece a agir e, nesse sentido, se aproxima do sensível kantiano; a secundidade está no âmbito da cognição, transformando o objeto real em uma realidade possível na mente de alguém, portanto está nas imediações de algo visto por um observador como uma hipótese de real ou, se preferir, uma realidade; a terceiridade, no entanto, está no âmbito da interpretação que sanciona uma específica realidade para o objeto, afastando-se do mundo como hipótese para criar uma ligação estável entre o primeiro e o segundo. A relação entre essas três instâncias chama-se signo. O signo pode ocorrer apoiado no mundo real, ou ser algo derivado do pensamento, mas, seja qual for a sua proveniência, esse signo não existe de forma isolada. Temos discutido as referências provenientes do real, mas a mesma mecânica ocorre nos objetos gerados pela mente e, como diz Peirce (CP 5.284 Cross Ref. ††), a nossa existência é uma "sequenciação ininterrupta do signo-pensamento". Ele diz que o pensamento segue a lei da associação mental e, "nesse caso, cada pensamento anterior sugere algo para o pensamento que o segue". Mesmo quando somos interrompidos bruscamente por um evento, nosso pensamento nunca se interrompe de repente. Conservamos sempre uma relação de continuidade com o momento anterior e, portanto, "não há uma intuição ou cognição que não seja determinada por cognições anteriores". Ainda que as duas correntes observem mecanismos distintos, podemos dizer que, com relação ao encadeamento dos signos, há uma grande semelhança entre a semiose e a cadeia de significantes. Da mesma forma que Lacan, Peirce também assere que a sequência de signos-pensamento ocorre de modo inexorável e, "a menos que todo pensamento tenha um término abrupto e um fim com a morte", um pensamento será sempre traduzido ou reinterpretado por um subsequente. Há uma diferença, porém, entre as duas correntes de pensamento, pois a psicanálise entende que um significante tem uma ação retroativa que pode ressignificar o conjunto de elementos que já foi introjetado na mente de um indivíduo.

Com relação às três instâncias, Peirce (CP 8.330 Cross-Ref:††) nos pede para nos imaginar à noite, sentados sozinhos no cesto de um balão, bem acima do chão. Naquele momento tudo está calmo e imóvel, e a impressão de quietude está na primeiridade, mas, de repente, o som penetrante de um apito a vapor irrompe e permanece por um bom tempo. Peirce diz que o apito penetrante não permite que você pense ou faça nada além de sofrer, portanto, esse é um estado de primeiridade, mas assim que o som começa a incomodá-lo você não está mais em primeiridade, pois tomou consciência do barulho. Peirce diz: "a consciência da ação de um novo sentimento ao destruir o sentimento antigo é o que eu chamo de experiência. A experiência, em geral, é o que o curso da vida me obrigou a pensar". Essa questão abre lugar para a terceiridade. Para continuar com as palavras de Peirce: "Quando uma pedra cai no chão, a lei da gravitação não age para fazê-la cair. A lei da gravitação é o juiz que pode pronunciar a lei até o dia do juízo final, mas, a menos que o braço forte da lei, o xerife brutal, dê efeito à lei, ela não equivale a nada". No exemplo do balão, portanto, não há uma terceiridade formada, a menos que se considere o desconforto como algo inevitavelmente resultante daquele apito em todo e qualquer caso, e não somente nessa específica situação.

Primeiridade

Peirce descreve a primeiridade da seguinte maneira:

> *A ideia de uma coisa absolutamente primeira deve ser completamente separada de qualquer referência ou de qualquer concepção que remeta a outra coisa, pois o que envolve uma segunda coisa é, em si, um segundo para aquele segundo. O primeiro deve, portanto, estar*

> *no presente e ser imediato, de forma a não se tornar um segundo para uma representação. Deve ser fresco e novo, porque, se ele for velho, será um segundo para seu estado anterior. Deve ser inicial, original, espontâneo e livre, caso contrário, será um segundo para uma causa determinante. Deve ser, também, algo vigoroso e consciente, de modo a evitar ser o objeto de alguma sensação. Precede a toda síntese e a toda diferenciação, pois não tem unidade nem partes. Não pode ser um pensamento articulado, afirme-o e ele perde a inocência que lhe é característica, pois uma afirmação sempre implica a negação de outra coisa qualquer. Pare para pensar sobre ele e já foi, passou! O que o mundo era para Adão no dia em que ele abriu os olhos, antes de fazer qualquer distinção ou se tornar consciente de sua própria existência – isto é, primeiro, presente, imediato, fresco, novo, inicial, original, espontâneo, livre, vigoroso, consciente e efêmero. E lembre-se que cada descrição desse primeiro é necessariamente falsa para esse primeiro. (Peirce, CP 1.357)*

A primeiridade é aquele momento em que tanto estímulos externos à mente como estímulos internos a ela provocam nossas sensações e capturam nossa atenção. Isso indica que para a primeiridade ocorrer é necessário que os estímulos toquem os sentidos, mas é igualmente necessário que se tenha a atenção voltada para aquele fenômeno, caso contrário, aquilo que provoca o estímulo permanecerá sempre subjacente à percepção. A questão do estímulo também denota uma consideração temporal, pois só pode estar na primeiridade aquilo que ainda não se tornou passado. A primeiridade, portanto, é tudo o que corre no exato presente, o que acontece no curso dos eventos, naquele milésimo de tempo no qual não houve ainda a elaboração de qualquer informação e, por isso mesmo, não sofre a mediação de qualquer outro elemento: não há lembranças nem interpretações envolvidas. O estádio da primeiridade está inevitavelmente relacionado a algum objeto e dele é dependente, porém, essa forte relação ocorre apenas enquanto ainda não sabemos do que se trata nem sabemos ainda qual é o seu nome. Na primeiridade apenas são expressas e percebidas algumas das características mais elementares de um objeto, e, quando se fala em objeto, não se trata somente das coisas tangíveis, mas também de todo aquele conjunto de sentimentos abstratos que produzem um efeito em nossas mentes. Considerando o signo em sua materialidade, podemos dizer que a primeiridade é: o calor do Sol, antes de pensarmos que é o Sol que o produz; a sensação do molhado, antes de saber o que nos molhou, ou melhor, a sensação antes mesmo de entendermos que estamos molhados; é o toque em uma superfície, antes de entendermos se se trata de uma superfície lisa ou rugosa, dura ou macia, quente ou fria. Mas o signo não é somente concreto, é também um sentimento, e a primeiridade existe antes de sabermos se é de alegria ou tristeza, de entendimento ou hostilidade, de contentamento ou frustração, de raiva, de culpa, de gratidão, de esperança etc.; primeiridade é também o frio que sentimos na barriga diante de algo, antes de ser um medo. A primeiridade existe até no pensamento que eu mesmo invento, pois podemos gerar ideias, e gerar uma ideia é também gerar um signo, neste caso, um signo-pensamento. O signo-pensamento totalmente gerado na minha própria mente também tem um objeto relacionado e, portanto, uma primeiridade. Seja qual for o caso – um signo relacionado a um objeto material; um signo relacionado a um objeto abstrato ou um signo-pensamento gerado na minha mente –, a primeiridade é a relação do signo com o seu objeto, material ou imaterial, em um constante estado de vir a ser. Deve-se observar que essa relação do signo com o objeto não desaparece com o advento do interpretante (terceiridade), sobretudo quando o objeto sempre estiver disponível a novas observações.

Neste ponto, alguém poderá perguntar se a dor que uma pessoa sente é um estímulo interno ou externo. Primeiro temos que considerar que não há uma clara separação entre mente e corpo – aliás, sem o corpo não pode haver uma mente –, nem há uma clara separação entre o *self* e o ambiente (Dennett, 1989), então torna-se quase impossível distinguir o que está dentro e o que está fora da mente, visto que a percepção do fenômeno se dá em um continuum entre aquilo que está no real e o que foi representado na mente. Isso quer dizer que para definir o estádio da primeiridade não importa tanto saber onde o estímulo foi originado. Será muito mais producente saber quando esse estímulo deixou de ser a manifestação da qualidade pura da coisa e passou a ser uma representação dela. Ao dizer "dor de estômago", já estamos ponderando aquela dor e, portanto, aquela dor não está mais na primeiridade. Apenas aquela primeira sensação no momento em que se advertiu a dor, antes ainda de lhe dar um nome, estava na primeiridade.

Mesmo um pensamento, uma evocação visual, tátil, sonora ou de qualquer outra natureza, cujas sinapses trazem um efeito imediato ao cérebro, tem seu momento de primeiridade. O que vale a pena perguntar é se aquilo que acontece com o signo acontece da mesma forma com o signo-pensamento, ou seja, se o processamento daquele signo existente somente em nossa mente, sem que haja um elemento externo agindo como objeto, também apresenta uma primeiridade. Aquele signo-pensamento existe pelo menos como uma sinapse que está no campo do real.

A primeiridade está no estado da qualidade pura. É aquilo que Peirce (CP 1.303) chama de *suchness*, termo que, algumas vezes, é traduzido para o português como *talidade*. Não se trata de admitir um *a priori*, nem de admitir alguma coisa que existe antes de entrarmos em contato com ela, nem mesmo algo que existe apesar de nós, mas se trata daquilo que é capaz de nos provocar impressões no campo sensorial. A palavra que Peirce usa para definir esse campo sensorial é *feeling*, ou seja, sentimento, e o autor se empenha em explicar o que entende por sentimento:

> *Por sentimento, estou me referindo à instância de um tipo de consciência que não envolve nenhuma análise, nenhuma comparação, nem qualquer tipo de processo; tampouco consiste, na totalidade ou em parte, em qualquer ato pelo qual uma parte da consciência se distingue de outra, algo que tem sua própria qualidade afirmativa, algo que não consiste em nada além daquilo que é, e que é, por si só, tudo o que é, e, no entanto, pode ter sido provocado [por uma mente]; desse modo, se esse sentimento estiver presente durante um lapso de tempo, estará completa e uniformemente presente em cada momento. Para explicar com uma definição simples, eu entendo um sentimento como aquela instância de um tipo de elemento de consciência, que é tudo o que é afirmativamente, em si mesmo, independentemente de qualquer outra coisa. (Peirce, CP 1.306)*

> *Um sentimento, então, não é um evento, um acontecimento, uma ocorrência, uma vez que uma ocorrência não pode ser tal, a menos que haja um momento em que ela não ocorra; e, assim, não é, em si, tudo o que é, mas é relativo a um estado anterior. Um sentimento é um estado, em sua totalidade, durante cada momento do tempo, por quanto tempo ele durar. (Peirce, CP 1.307)*

O sentimento para o autor refere-se, nesse caso, a alguma coisa na esfera do sensível, que se define por si só e é integral por quanto tempo durar. Ele adverte, porém, sobre duas questões: nem o sentimento pode ocorrer em diferentes momentos para uma mesma mente (afinal, mesmo que o sentimento ulterior fosse uma cópia exata do primeiro, ao acontecer em instantes diferentes, seria estabelecida uma relação entre um momento e outro, sendo que o segundo momento seria uma atualização do primeiro, o que violaria a regra de que um sentimento é independente de qualquer outra coisa, inclusive da sua própria cópia); tampouco o mesmo sentimento pode ocorrer simultaneamente em duas mentes diferentes (pois, devido ao fato de estar em outra mente, cria-se outra relação que implicaria ser este outro sentimento). Para Peirce, "qualquer sentimento deve ser idêntico em cada uma das duplicatas dele, o que equivale a dizer que um sentimento é simplesmente uma qualidade da consciência imediata".

Peirce (CP 1.304) diz que essa qualidade, ou talidade, é um mero *talvez-seja*, não necessariamente apercebido. O autor diz, ainda, que não está se referindo ao que é verdadeiro nem ao que verdadeiramente desponta, pois a qualidade pura pode ser somente imaginada como existente, sem que haja qualquer acontecimento correlativo. São dois os tópicos que estamos tratando nesta explicação sobre a primeiridade: (1) a talidade em si, em sua singularidade irrepetível; e (2) se podemos permanecer em contato com as coisas por sua talidade. Para o autor, a talidade estará presente apenas enquanto seu mero *talvez-sendo* prosseguir sem que haja qualquer tomada de consciência, sem que haja qualquer intelecção, permanecendo apenas no campo do sensível, afastando-se das interpretações. Só é possível manter contato com algo por meio de sua talidade se a aproximação à coisa permanecer de forma não pensada, não organizada, sem algum tipo de julgamento, apenas tocado pelo sensível. O simples fato de reconhecermos o nome de uma coisa tira essa coisa do seu estado de talidade. O vento frio quando nos toca a pele, antes que digamos "que frio!", é talidade, mas, quando dizemos "que frio!", a coisa imediatamente sai do seu estado de talidade e se institui como um significado da coisa. Na teoria de Peirce, a talidade pode ser sobreposta pelo seu significado, mas não será, de maneira alguma, eliminada, mesmo que o significado se sobreponha a ela. Peirce (CP 1.305), de forma muito sagaz, explica a situação colocando o leitor em uma posição destacada, pedindo que ele considere "um sentimento de vermelhidão ou de púrpura, sem começo, sem fim ou uma mudança qualquer; ou um apito de trem eterno e invariável; ou um frêmito sempiterno de deleite prazeroso", e indaga ao leitor se isso seria diferente da substância. Ele prevê algumas respostas que o leitor poderia lhe dar: (1) nenhuma dessas coisas poderia existir sozinha no universo, pois exigiria uma mente para senti-las, eliminando o preceito de independência; (2) a cor, o som e provavelmente a emoção do prazer são constituídos de vibrações, portanto são dependentes de algum outro elemento para ocorrer; (3) todas essas coisas acontecem durante um lapso de tempo, sendo, portanto, dependentes desse fator; (4) cada uma dessas coisas teria uma qualidade que seria uma determinação em vários aspectos (a cor: na tonalidade, na luminosidade e na saturação; o som: no tom, na vivacidade, na intensidade e no timbre que, sozinho, é já altamente complexo e dependente de diversos fatores; o deleite: que pode ser mais ou menos prazeroso, mais ou menos emocional, mais ou menos elevado) e (5) cada uma dessas coisas exige um substrato físico, na somatória, essencialmente diferente do próprio sentimento. A perspicácia de Peirce está em separar a sensação da coisa em si, com a seguinte resposta: "Mas eu aponto a vocês que essas coisas só são conhecidas por meio de experiências exógenas; nenhuma delas é vista na cor, ouvida no som ou sentida na sensação visceral", defendendo, com essa resposta, que tudo o que entendemos por aquela cor, por aquele som ou por aquela sensação está completamente ausente na coisa em si. Tomando essa questão como base, Peirce (CP 1.309) nos coloca diante da impossibilidade de conhecer o sentimento por meio da introspecção. Considerando que a existência humana ocorre somente no presente momento, não antes, nem depois, ao perguntar-se sobre o conteúdo deste instante, o presente já se foi e o que permanece dele já chega com atraso e completamente metamorfoseado. Para ilustrar isso, Peirce reporta a seguinte situação:

> *Ele [seu leitor] pode, é verdade, reconhecer que estava lá naquele momento [diante da sensação da cor] olhando, por exemplo, para uma espécie de vermelho-chumbo, e dizer que certamente viu tal cor, que ele percebe ser algo concreto e sui generis da natureza do sentimento. Mas a consciência imediata de ninguém, a não ser quando esse alguém esteve muito mais do que meio adormecido, sempre consistiu em uma plena sensação da cor; e, uma vez que um sentimento é absolutamente simples e sem partes – como esse sentimento evidentemente é, uma vez que ele é o que é, independentemente de qualquer outra coisa e independentemente de qualquer parte que possa ser alguma outra coisa diferente do todo –, subsegue-se que, se a sensação de cor vermelha não era integralmente o sentimento do instante, então esse sentimento não tem nada em comum com o sentimento do instante. (Peirce, CP 1.309)*

Peirce (CP 1.312-1.313), fazendo uma forte crítica a alguns psicólogos escoceses, menciona uma situação em que um cego de nascimento perguntou a uma pessoa com visão normal se a cor escarlate era algo que se assemelhasse ao retumbar da trombeta. Peirce diz:

> *o filósofo [psicólogo escocês], evidentemente, espera que seus leitores riam com ele por causa da incongruência da noção. Mas o que ele realmente ilustra de forma muito mais ululante é a tolice daqueles que, como ele mesmo, tinham somente a educação convencional do século XVIII e se mantinham completamente ignorantes na comparação de ideias muito diferentes na sua materialidade. Para todos os que alcançaram o grau de suscetibilidade necessário nos ramos mais delicados do raciocínio – aquele tipo de raciocínio que o nosso psicólogo escocês rotularia como "intuições", com uma forte suspeita de que tais intuições fossem delírios – reconhecerão imediatamente de maneira assim óbvia uma semelhança entre um luminoso e extremamente cromático carmim, como aquele do iodeto de mercúrio que é comumente vendido sob o nome de escarlate (e o retumbar de uma trombeta), que eu quase arriscaria dizer que a maneira como ocorrem as oscilações químicas, estabelecidas pela cor do material sobre o observador, seriam consideradas semelhantes às ondas acústicas do retumbar da trombeta. Só estou impedido de o fazer [tal afirmação] porque é aparentemente verdade que o nosso sentido da audição é completamente analítico; de maneira que somos totalmente surdos para as ondas de som na forma como essas existem [na matéria escarlate do iodeto de mercúrio] e ouvimos somente os componentes harmônicos, independentemente das fases em que essas fases de comprimentos comensuráveis são combinadas. (Peirce, CP 1.312)*

Podemos dizer, em conclusão, que a primeiridade não é algo que está fora de uma mente ou da consciência, mas é aquilo que com elas se relaciona por meio da talidade. A primeiridade termina, no entanto, no exato momento em que essa relação passa a ser mediada por qualquer outra coisa que não seja o próprio objeto.

Secundidade

A secundidade é o estádio das incertezas, em que suposições são experimentadas com a intenção de confirmá-las, ou rechaçá-las, mesmo que, muito frequentemente, não se consiga resolver as dúvidas e contradições. É na secundidade que o real é transformado em realidade, e essa transformação está impregnada de conflitos entre o que o mundo concretamente é e aquilo que se pensa que ele seja; entre a resistência que o real impõe e a reação diante dessa barreira imóvel, nas palavras de Peirce, reação cheia de brutalidade (a dureza do real, para a Psicanálise). É na secundidade que o indivíduo passa da atenção passiva, quase involuntária, a uma percepção ativa e deliberada, movida pelo interesse nas causalidades e nos estados das coisas. É quando vemos que está chovendo e tudo está ficando molhado ou que o céu está clareando em um novo começo de dia. A secundidade fala de uma cisão entre o exato momento presente e um deslocamento na linha do tempo que vai conformando os eventos passados, dando-lhes um significado. Não há como estar na secundidade se a relação com o mundo não for empírica. É por meio dela que um observador consegue analisar as possibilidades de nexo que as coisas materiais ou imateriais podem ter para ele, dando a elas uma existência. É secundidade quando, antes de chamar aquela luz de sol, entendemos que ela é muito intensa, mostra sua circularidade e esquenta a minha pele. É quando se apresenta como uma ocorrência no céu. É processo. Sim, é na secundidade que o processo de transformação do real em uma ocorrência na realidade individual começa e perdura. Sobre a relação do segundo com a realidade, Peirce diz:

> *Comecemos por considerar a realidade e tentemos descobrir exatamente no que ela consiste. Se eu lhes perguntar no que consiste a realidade de um evento, vocês me dirão que é aquilo que está acontecendo naquele instante e naquele lugar. As especificações naquele instante e naquele lugar incluem todas as suas relações com os outros existentes. A realidade do evento parece apoiar-se nas relações que tem com o universo dos existentes. Um tribunal pode emitir injunções e julgamentos contra mim e eu posso não ligar minimamente para eles. Posso achar que eles são apenas vapores inócuos. Mas, quando eu sinto a mão do xerife no meu ombro, começo a sentir também a realidade. A realidade é algo brutal. Não há nenhuma razão nela. Por exemplo, eu conduzi-lo pelo ombro na direção de uma porta e tentar forçá-lo contra uma resistência invisível, silenciosa e desconhecida. Temos uma consciência com duas faces: de esforço e de resistência, que me parece aproximar-se toleravelmente de um genuíno senso da realidade. No conjunto, penso que temos aqui um modo de ser de uma coisa que aponta para como um segundo objeto é. Chamo isso de secundidade. (Peirce, CP 1.24 Cross-Ref:††)*

É importante deixar claro que o conceito de existência relacionado à secundidade, da forma como foi usado por Peirce, apesar de admitir que a existência do objeto ocorre por meio da subjetividade de um indivíduo, não encontra correspondência nem com a existência nem com a subjetividade psicanalítica, e menos ainda com o indivíduo do existencialismo psicanalítico. Peirce não leva em consideração que a subjetividade é formada a partir de um sujeito que emergiu como subproduto durante o processo de significação, mas apenas considera que um observador infere sobre o mundo sensível com a sua individualidade e é por isso que a secundidade é considerada uma categoria do indivíduo e do individual. Além disso, a existência na secundidade é uma existência pragmática, é a existência do reconhecer que algo está no mundo, inclusive si mesmo, enquanto a Psicanálise pensa a existência como uma manifestação de si diante do mundo. Já falamos disso antes, quando dissemos que a Psicanálise inclui o sujeito no processo de significação e que a Semiótica olha para esse processo como um observador. No texto de Peirce (CP 1.322), porém, ele deixa muito claro que o fato de ser um lugar de observação não garante uma contemplação distante e tranquila, muito pelo contrário, é um lugar de sensações, de esforços para o embate e de resistência, sendo que esforço e resistência são duas faces da mesma moeda, como acontece quando me esforço para vencer com os ombros a resistência de uma porta: quanto maior for a resistência da porta, tanto maior será meu esforço para abri-la. É, no entanto, resistência também em outro sentido: Peirce diz que na secundidade, diante de uma constante mutação e de variadas possibilidades, precisamos nos fixar em algo estável para garantir alguma persistência da hipótese e, dessa forma, resistir às constantes mudanças tanto dos elementos externos quanto da visada do observador. Será o apego a essas duas estabilidades – resistência dos elementos do real à significação e resistência da hipótese às constantes mudanças do ambiente e da visada do observador – que nos permitirá pensar sobre alguma coisa e manipulá-la mentalmente na busca de uma expressão para a coisa observada que seja pertinente em uma dada circunstância. Quanto mais pertinente for a expressão conferida à coisa, mais estável será nossa visada sobre ela, e somente com essa estabilidade seremos capazes de fazer experimentos sobre a hipótese em questão. Peirce conclui dizendo que não pode haver resistência se não houver nada da natureza de uma luta ou de uma ação vigorosa e explica que por luta e ação vigorosa entende dizer uma ação mútua entre duas coisas, mas não regulada por uma lei, pois, nesse caso, já seria uma terceiridade. Há inclusive uma consideração avançada por Peirce (CP 1.323 Cross-Ref:††) derivada justamente dessa questão das leis como reguladoras de fenômenos. Ele diz que muitas pessoas acreditam que há sempre uma lei por trás da ação de alguma coisa sobre outra coisa e isso invalidaria a sua suposição de uma secundidade, pois, diante de fenômenos exclusivamente regidos por leis estabelecidas *a priori*, seria impossível que houvesse a liberdade de escolha. Peirce prefere não entrar nos meandros dessa discussão, apenas pede que se admita que nenhuma lei é capaz de provocar um fenômeno; que "nenhuma lei da natureza faz uma pedra cair, nenhum jarro de Leyden se descarregar e tanto menos faz uma máquina a vapor funcionar". Mas essa não foi a única vez em que Peirce colocou em discussão a secundidade. Em outra circunstância ele pede a seus leitores que olhem para algo e prestem atenção somente no todo, retirando completamente as partes da atenção, percebendo a coisa na sua totalidade. O resultado da realização perfeita dessa tarefa seria que, naquele momento, não haveria nada além de uma qualidade de sentimento. Peirce diz textualmente que "Essa qualidade de sentimento, em si mesma, conforme contemplada, não teria partes. Seria diferente de qualquer outra qualidade de sentimento. Em si mesma, nem se pareceria com qualquer outra coisa, pois a semelhança existe apenas na comparação". Esse seria, então, o estado mais absoluto da primeiridade. Então Peirce se pergunta: ao olharmos para algo, se esse algo é assim tão completo já na primeiridade, que espaço há para a secundidade ou para a terceiridade? Questiona-se, então, se não terá havido algum engano na sua teoria. Ele responde da seguinte maneira:

> *Eu disse que o fâneron [algo que está presente integralmente em nossa mente] é inteiramente feito de qualidades de sentimento tão verdadeiramente quanto o espaço é inteiramente feito de pontos. Há um certo aspecto protoidal [de pluralidade, pois é prematuro fazer uma só afirmação?] – eu cunho a palavra para a necessidade – sob o qual o espaço é realmente feito de nada além de pontos. No entanto, é certo que nenhuma coleção de pontos – usando a palavra coleção para significar meramente um plural, sem a ideia de os objetos estarem reunidos –, nenhuma coleção de pontos, não importa quão incontável seja sua multidão, pode em si mesma constituir espaço... (Peirce, CP 1.319 Cross-Ref:††)*

Peirce deixa claro com essa metáfora que aquilo que advém da primeiridade não basta para se construir o entendimento de um fenômeno, pois não há dimensão alguma. A fim de construir algo com pontos, é necessário ligar os pontos, da mesma forma que para dar algum significado a partir de qualidades de sentimento é necessário conectar os objetos que as provocam e a configuração das relações entre os objetos só pode ser estabelecida na secundidade (a terceiridade é atingida somente quando o resultado é conclusivo). Com o propósito de explicar essas conexões, Peirce faz uso de outra metáfora. Ele explica que:

> *O fâneron contém um pé genuíno do lado de fora de uma porta que está ligeiramente entreaberta, você coloca sua mão na maçaneta para abri-la e entrar. Você experimenta uma resistência silenciosa e invisível. Você coloca seu ombro contra a porta e, reunindo suas forças, faz um tremendo esforço. O esforço supõe resistência. Onde não há esforço, não há resistência, onde não há*

> *resistência, não há esforço; neste mundo ou em qualquer um dos mundos de possibilidades. . . . Ele [um homem] não poderia, em nenhum mundo, ser dotado do poder de invocar um esforço para o qual não houvesse uma resistência pronta para existir, pois é um absurdo supor que um homem pudesse querer se opor diretamente a essa vontade. Um pouco de reflexão mostrará que é disso que se trata. De acordo com uma análise psicológica, como eu a posso fazer, o esforço é um fenômeno que surge somente quando um sentimento se choca com outro no tempo, e tal choque acontece sempre. Mas minhas pretensões psicológicas são pequenas, se é que existem, e só menciono minha teoria para que o contraste possa impressionar o leitor com a irrelevância da psicologia para o nosso presente problema, ou seja, que tipo de coisa é essa que está na nossa mente quando fazemos um esforço, que se constitui como um esforço. (Peirce, CP 1.320)*

Apesar de Peirce reconhecer que toca o campo da Psicologia, decide não enveredar por esse caminho. A metáfora da porta, presente na sua narrativa, é muito rica para o entendimento das nossas escolhas feitas já no campo noético, inclusive pelo ponto de vista psicológico. A primeira das escolhas fazemos com relação a qual porta queremos ultrapassar. Existem as portas mais fáceis e as portas mais difíceis de abrir, que exigem diferentes esforços para serem ultrapassadas, e, por outro lado, existem algumas pessoas que preferem as portas mais fáceis e outras as portas mais difíceis de abrir, dependendo de como foi formada a sua subjetividade. Outra escolha ocorre com relação ao que encontramos do outro lado da porta, pois, uma vez ultrapassada a soleira, eu posso vislumbrar exatamente o que estava procurando ou encontrar somente parte do que procurava, mas também posso não encontrar nada do que estava procurando. Terei que decidir entre me contentar com aquilo que achei do outro lado da porta ou ir para outro ambiente mais adequado às minhas expectativas. Cada porta é uma possibilidade de significação, e cada significação pode estar completa com mais ou com menos precisão, e tudo isso passa pelas nossas escolhas. Uma vez que passa necessariamente pelas nossas escolhas, não há, portanto, como a realidade não ser artificial. Na verdade, todas as relações que percebemos entre elementos do real, entre fenômenos e entre significados são artifícios humanos para a construção de uma existência. São invenções que se confirmam com mais ou menos precisão a partir das nossas experiências. É nesse sentido que a secundidade é indicial, pois os elementos com os quais lidamos na secundidade apenas indicam, com alguma probabilidade, alguma coisa. Se entrarmos em um ateliê de pintura e virmos muitos cavaletes espalhados com quadros sendo pintados e encontrarmos sobre uma bancada de trabalho um tubo-bisnaga, imediatamente todos os indícios me levarão a crer que se trata de uma bisnaga de pintura. Mas dizer que se trata de uma bisnaga de pintura é somente uma hipótese, pois preciso ir até àquele tubo confirmar que se trata de fato de uma bisnaga de pintura. Eu ficaria muito surpreso, apenas porque essa seria uma hipótese um pouco menos provável, se descobrisse que na verdade se tratava de um tubo de creme dental que algum aluno distraído deixou sobre a bancada após esvaziar seu bisaco para procurar algo. Abraçamos as hipóteses que se confirmam tanto quanto abraçamos aquelas que apenas parecem se confirmar. Aquelas que não parecem se comportar como esperamos ou cujo comportamento é muito complexo para que sejamos capazes de formular uma hipótese de funcionamento tendemos a abandonar.

A secundidade é um lugar de relações. Podemos notar as formas e a cor branca (primeiridade) de modo a concluir que, no conjunto, trata-se de uma casa (terceiridade). Essa conclusão, porém, somente é possível pelo estabelecimento de relações entre aquelas formas e aquela cor. Relacionar os elementos formais daquela casa entre si e relacionar aquela casa àquele branco ou aquele branco àquela casa são, portanto, tarefas que somente podem ser executadas em secundidade. Peirce insistia em dizer, e eu repito aqui sua insistência, que existem dois graus distintos de secundidade: um grau no qual um observador olha para relações reais entre coisas e outro no qual as relações são estabelecidas pela razão. Ele diz:

> *Uma relação real subsiste em virtude de um fato que seria totalmente impossível se qualquer um dos objetos relacionados fosse destruído, enquanto uma relação de razão subsiste em virtude de dois fatos, um dos quais só desapareceria com a aniquilação de qualquer um dos relatos. (Peirce, CP 1.365 Cross-Ref:††)*

Para ilustrar esse conceito, ele diz que, pelo fato de serem americanos, existe uma relação de semelhança entre Rumford e Franklin, mas qualquer um deles seria americano mesmo que o outro não tivesse existido. Por outro lado, a relação entre Caim e Abel não pode ser declarada um mero agregado de dois fatos: um a respeito de Caim, outro a respeito de Abel; sem o relato de um, cessa de existir o relato do outro. Essa, no entanto, não é a única classificação que o autor faz em relação à secundidade. Ele diz que a secundidade pode ser de dois tipos (Peirce, CP 1.413 Cross-Ref:††) e, ainda que ele não o mencione de forma direta, esses dois tipos estão vinculados a duas modalidades de relação. Um dos tipos de secundidade é marcado por momentos autenticamente segundos em relação a outros momentos subsequentes e acontece durante um deslocamento temporal; e o outro tipo é composto por "um par de momentos". O autor se corrige: "uma vez que supostamente o tempo progride, seria melhor dizer que são um par de estados, para os quais um é o segundo do outro reciprocamente" e esse seria o "primeiro germe da extensão espacial" (e não posso fazer outra coisa além de concordar com Peirce, pois não há como perceber a distinção entre dois momentos simultâneos sem perceber e percorrer a distância que os separa). Para Peirce, esses pares de estado sofrerão mudanças, e os hábitos serão formados ao se passar de determinados estados para outros estados (ou ao não se passar de determinados estados para outros estados). Aqueles estados para os quais um estado passará de imediato são adjacentes a ele e, portanto, hábitos serão formados a partir dessa continuidade espacial. Peirce extrapola a normalidade do raciocínio ao concluir dizendo que esse espaço difere "do nosso espaço" devido a três aspectos: "por ser muito irregular em suas conexões; por ter um número de dimensões em um lugar e outro número de dimensões em outro lugar; e por se mostrar diferente para cada estado móvel" com o qual se relaciona. Essas três considerações se aproximam muito daquela ideia postulada por Lacan ao falar que a conveniência de significado para cada situação distinta faz deslizar os significados sob a cadeia de significantes de acordo com as circunstâncias e a perspectiva de alguém. A secundidade é também, portanto, um lugar de instabilidade e de constantes ajustes, onde as possibilidades de escolha estão sempre desfilando diante dos olhos do observador, obrigando-o a lidar com cenários diferentes a cada instante e a mudar constantemente sua visada em função dos novos cenários que se conformam.

Deve ser observado, por fim, que, de acordo com Peirce (CP 1.365 Cross-Ref:††; CP 1.358 Cross-Ref:††; CP 1.345 Cross-Ref: ††), há segundos externos que são "constituídos por fatos externos e são ações verdadeiras de uma coisa sobre outra" e há segundos internos, em que os processos partem de objetos mentais que se comportarão como se fossem fatos do real. Todas as vezes que os pensamentos ocuparem o lugar dos fatos e seus objetos relacionados, podemos falar em degeneração de alguma das instâncias ou da inteira tríade, pois a relação passa a ser diádica, uma vez que falta o objeto de fato. Dessa forma, os segundos externos são parte da formação dos signos e os segundos internos, sendo exclusivamente formados pela mente, são degenerações, mas também são parte daquilo que Peirce chama de signo-pensamento. Todo o processo que ocorre com o signo relacionado ao real (como definido neste livro) pode ocorrer, também, na realidade com o signo-pensamento, portanto um signo-pensamento pode ser um objeto para outro signo-pensamento.

Terceiridade

Enquanto a primeiridade é o instante de contato com o fenômeno antes de haver qualquer ponderação e a secundidade é o lugar da experiência desse mesmo fenômeno, a terceiridade é a completa alienação do fenômeno, com a sua substituição por uma representação mental, ou seja, por um significado. Podemos retomar o exemplo mencionado na explicação da secundidade referente às formas e à cor branca. Estou no estádio da primeiridade quando olho para o mundo e percebo formas e um branco que impressionam as minhas retinas. Quase imediatamente, tomo consciência de um telhado, de janelas, de uma porta, de paredes e também percebo que o branco sobressai na paisagem. Todos esses elementos, isoladamente, são signos completos em si mesmos. O signo somente se completa na terceiridade, portanto, telhado, porta e janela são, em última instância, terceiros. Quando estou diante de uma paisagem e percebo tais elementos, dispostos de uma certa maneira, ao procurar entendê-los no conjunto, o que antes era terceiro passa a ser o indício de que aquilo que está no meu campo visual é uma casa. Mas, atenção, pois essa pode ser apenas uma hipótese... Não tenho tanta certeza de que aquela construção seja a moradia de alguém, mas, mesmo assim, consigo afirmar que é uma casa branca. No instante em que eu fizer tal afirmação – a menos que ocorra algum fato que contradiga a minha conclusão – aquela passará a ser para mim uma casa branca. Desse momento em diante, estarei imerso na terceiridade. Isso implica dizer que estarei alienado do objeto que me levou àquela conclusão. O primeiro entendimento que podemos tirar desse exemplo é que a terceiridade é dedutiva e, portanto, é preditiva: eu não preciso ir até lá verificar qual é o uso efetivo que se faz daquela construção para afirmar que se trata de uma casa e, dessa forma, nada me desencoraja de dar-lhe o nome de "casa branca". Vários indícios me levaram àquela conclusão: o telhado, as paredes, as janelas e portas, as dimensões, o que circunda aquela construção e o que me autorizou a correlacionar os elementos em torno ao nome *casa* foi o meu entendimento padrão daquilo que para mim é uma casa. Parece que é muito simples; posso dizer, no entanto, que não é! A terceiridade é a conclusão de um processo de significação e são muitas e complexas as relações que estão envolvidas nesse processo. Peirce apresentou alguns exemplos de terceiridade que, muito mais do que esclarecer as instâncias do signo, mostram o quanto é grande a complexidade da sua proposta triádica:

> *Por terceiro eu entendo o meio ou a conexão entre o primeiro e o último absolutos. O começo é primeiro, o final é segundo e o meio é terceiro. A linha da vida é um terceiro; o destino que a corta, o seu segundo. Uma trifurcação em uma estrada é um terceiro, pois ela supõe três caminhos; se uma estrada reta for considerada apenas como uma conexão entre dois lugares, ela é um*

> *segundo, mas, se implicar a sua passagem por pontos intermediários, ela será um terceiro. A posição é um primeiro; a velocidade ou a posição relativa entre duas posições sucessivas é segundo; a aceleração ou a relação entre três posições sucessivas é terceiro. Mas, se a velocidade é contínua, também envolve um terceiro. A continuidade representa a terceiridade quase perfeitamente. Cada processo vem sob esse título. A moderação é uma espécie de terceiridade. O grau positivo de um adjetivo é primeiro, o superlativo é segundo e o comparativo é terceiro. Toda linguagem exagerada – "supremo", "perfeito", "incomparável", "totalmente" – é a mobília presente nas mentes de quem pensa nos segundos e se esquece dos terceiros. A ação é segundo, mas a conduta é terceiro. A lei como força ativa é segundo, mas a ordem e a legislação são terceiros. Compaixão, natureza humana, por meio da qual eu sinto os sentimentos do meu vizinho, é terceiro. (Peirce, CP 1.337 §1. Examples of thirdness †1)*

Peirce é muito claro quando fala do papel da terceiridade como a ligação entre o objeto e seu signo, ou, mais especificamente, entre a primeiridade e a secundidade do signo. Talvez a complicação esteja em entender que, ao mesmo tempo que a terceiridade é a parte do signo que lhe dá coerência e estrutura, conectando o objeto que está na primeiridade a uma representação que está na secundidade, é, também, aquilo que leva o signo a ter uma existência independente do objeto que o gerou, fazendo com que a uma representação (terceiridade) exista como se fosse um objeto no mais puro estado da primeiridade. A terceiridade, portanto, atua não somente como um colante entre o objeto e o signo que o substitui, mas é o que permite que o signo seja manipulado mentalmente, pois é no terceiro que se conservam os significados atribuídos. Esse significado atribuído persiste ao longo do tempo em nossas memórias, e tudo aquilo que tem uma continuidade, como a linha da vida mencionada em um dos exemplos da citação anterior, é um terceiro. As eventualidades traçadas pelo destino, porém, são segundos. Talvez não seja muito fácil entender de imediato quando Peirce diz que a velocidade é um segundo e a aceleração é um terceiro, mas é menos complicado do que parece: enquanto a velocidade é um estado do objeto em relação a alguma outra coisa, a aceleração é um padrão, uma regra, que o objeto deve obedecer. Ele, porém, faz uma ressalva, pois se a velocidade for constante, então o objeto passa a obedecer a esse princípio, da velocidade estável, tornando-se, portanto, um terceiro.

O caráter dedutivo da terceiridade nos compele a entender que lidamos com o mundo nos valendo, em grande parte do tempo, das nossas habilidades preditivas. Sobre isso, Peirce diz:

> *Cinco minutos da nossa vida, em vigília, dificilmente passarão sem que façamos algum tipo de previsão; e, na maioria dos casos, essas previsões se confirmam no curso do evento. Uma previsão é, no entanto, essencialmente de natureza genérica e nunca pode confirmar-se completamente. Dizer que uma previsão tem uma inegável tendência a ser confirmada é o mesmo que dizer que os eventos futuros são, em algum grau, realmente governados por uma lei. Se um par de dados der duplo seis por cinco vezes em seguida, isso é uma mera uniformidade. Pode acontecer que fortuitamente o par de dados dê o duplo seis por mil vezes em seguida. Mas isso não daria nenhuma garantia de que no próximo lançamento os dados mostrariam também o duplo seis. Se a predição tiver alguma propensão a ser confirmada,*

> *é porque os eventos futuros têm a propensão de se ajustarem a uma regra geral. "Oh", dizem os nominalistas, "essa regra genérica não é nada além de uma mera palavra ou algumas palavras!" Eu respondo: "Ninguém jamais sonhou em negar que aquilo que é genérico tenha a índole de um signo genérico, mas a questão é se os eventos futuros adequar-se-ão a ele [ao signo genérico] ou não. Se eles se adequarem, o adjetivo 'mero' que vocês usaram parece estar mal colocado". A regra para a qual eventos futuros têm uma propensão de ser confirmados é* ***ipso facto*** *uma coisa importante, é um elemento importante no desenrolar daqueles eventos. A esse modo de ser que* ***consiste****, se você quiser, mentalize minhas palavras: ao modo de ser que* ***consiste*** *no fato de que os fatos futuros da secundidade assumirão um determinado caráter genérico eu chamo de terceiridade. (Peirce, CP 1.26 Cross-Ref: ††, grifos do original)*

Com isso, Peirce explica que a terceiridade nasce de um processo de verificação da adequação entre o signo e o fato, mas a relação entre um e outro não é obra do acaso, pois o acaso não nos garante nenhuma previsibilidade de como os fatos vão se comportar. Qualquer possibilidade de confirmação de uma predição, se não for obra do acaso, tem que ser necessariamente decorrência de uma regra, mesmo que genérica. Uma vez que essas regras estejam atuando, não podemos mais dizer que estamos na secundidade. Peirce diz, porém, em uma aparente contradição, que existem duas circunstâncias em que a terceiridade pode existir: uma terceiridade genuína e uma terceiridade acidental. A contradição fica por conta do termo acidental, pois acabamos de descartar o acaso como terceiridade, já que se trata de um segundo. A discussão se desloca, portanto, para a questão da intencionalidade, ou, ao que tudo indica, para a aparente intencionalidade que poderia atuar como uma cola entre os diversos elementos de um fato. Com o objetivo de ilustrar tais circunstâncias, Peirce usa uma metáfora, valendo-se de uma parábola sobre um comerciante e um gênio da mitologia árabe:

> *"Como eu matei teu filho?", perguntou o comerciante, e o gênio respondeu: "Quando você jogou o caroço da tâmara, ele atingiu o peito do meu filho que estava passando naquele momento e ele morreu na hora". Aqui há dois fatos independentes: primeiro, o comerciante lançou o caroço da tâmara; segundo, o caroço da tâmara atingiu e matou o filho do gênio. Se o caroço da tâmara tivesse sido lançado para alvejar o filho dele, o caso teria sido diferente, pois mirar teria estabelecido uma relação de conexão, em um único fato, a pessoa que mirou, a coisa que foi lançada no alvo e o objeto que estava na mira. Que monstruosa injustiça e desumanidade da parte daquele gênio responsabilizar aquele pobre comerciante por tal acidente! Lembro-me de como chorei por causa disso enquanto estava nos braços de meu pai e ele me contou essa história pela primeira vez. É claramente justo que aquele homem, embora não tivesse nenhuma má intenção, devesse ser considerado responsável pelas consequências imediatas das suas ações; porém, não devido àquelas [consequências] que pudessem resultar delas [as ações] em casos acidentais aqui e ali, mas apenas por aquelas [consequências] que pudessem ter sido evitadas por uma medida razoável de prudência. (Peirce, CP 1.366 Cross-Ref: ††)*

Sobre essa fala, temos que considerar duas coisas que não devem ser confundidas: por um lado, há eventos casuais; por outro lado, há terceiridades acidentais e terceiridades genuínas. Convém explicar cada um desses termos para que não fique nenhum equívoco: eventos casuais são aqui entendidos como fatos independentes que não estão relacionados entre si, exceto por um mero acaso; terceiridades acidentais, no entanto, são aquelas que ocorrem relacionando mentalmente eventos casuais como se eles estivessem concretamente vinculados entre si no real; já terceiridades genuínas, ao contrário, são aquelas nas quais se percebe, no real, a efetiva ligação entre eventos. Dessas explicações conclui-se, antes de mais nada, que a terceiridade não se confirma por uma afirmação verdadeira ou falsa. A princípio, na significação não existe nenhum compromisso do observador com uma moralidade ou com uma verdade moralizante. O que o observador busca é uma sentença interpretativa que seja capaz de mediar a relação entre o objeto e o signo com algum grau de coerência. Tanto a terceiridade acidental, cujos vínculos entre elementos são estabelecidos mentalmente, quanto a terceiridade genuína, estabelecida pela constatação de vínculos concretos, têm resultados formais idênticos, porém os processos perceptivos e cognitivos são completamente distintos e apresentam interpretações muito diferentes entre si. Entre eventos casuais o vínculo entre os elementos permanecerá sempre no estádio da secundidade até que uma mente os conecte por meio de uma interpretação, e isso indica que a interpretação é algo que vai para além da existência do fenômeno e da percepção que temos dele, configurando-se como uma inferência que fazemos sobre ele. Podemos dizer que a terceiridade genuína é um conjunto de elementos relacionados entre si no real, ao passo que a terceiridade acidental é um conjunto de coisas relacionadas entre si somente na realidade, ou seja, na representação que fazemos do real, sendo uma mera produção da mente. Nesse caso, Peirce dirá que se trata de uma terceiridade degenerada. O que vai determinar se atingimos ou não a terceiridade será a emissão ou não de um juízo sobre a coisa observada, e não as concretas relações que existem entre os elementos daquela coisa.

Relações entre as instâncias: a semiose

Começo esse tópico retomando a citação de Peirce segundo a qual "O grau positivo de um adjetivo é primeiro, o superlativo é segundo e o comparativo é terceiro". Esse exercício gramatical dá um quadro bastante sintético das diferenças entre as três instâncias do signo. Se aplicarmos esse conceito à palavra "alto", por exemplo, teremos essa palavra como o grau positivo do adjetivo. Nesse sentido, alto é uma *constatação* que posso fazer sobre o objeto, portanto, é uma primeiridade. Se uso, porém, a palavra no seu grau superlativo, "altíssimo", esta se aproxima de uma *opinião* e, como tal, carece de alguma averiguação, portanto, é uma secundidade. Para deixar de ser uma dúvida é necessário que eu compreenda o valor relativo da palavra alto. Se uso o comparativo e digo que "é mais alto", para além da comparação, que efetivamente só pode ser feita em secundidade, isso exige que eu também faça um juízo sobre os tamanhos e emita um veredito dizendo que algo é mais alto que outra coisa, portanto é uma terceiridade. Repare que nesse exercício está sempre presente o observador. Talvez seja impossível relacionar as três categorias, ou estádios, da semiose sem que consideremos que o que as une é o observador. Enquanto a primeiridade ocorre no momento que o observador está vivendo as primeiras impressões, no momento em que ele ainda está sendo tocado pelos estímulos e sensações, consentindo a ele somente uma existência sensível e de constatações, a secundidade ocorre quando o observador está imerso na experiência do fenômeno, quando ele já foi tragado pelo desejo de observar o desenrolar do fenômeno que está diante dele e de definir um lugar para a sua existência pragmática, manifestando-se em opiniões diante do fenômeno; por fim, a terceiridade apresenta-se como o lugar onde o observador concretiza suas vivências e estabelece os padrões que serão procurados em futuras experiências dos fenômenos, configurando-se como um lugar de existência intelectual só alcançável pela lógica e pela razão.

Podemos voltar ao exemplo da fotografia da cafeteria trabalhado na seção "Realidade e ficção: há sempre uma dose de invenção" do Capítulo 1 e, no Capítulo 4, ver a seção "Aquisição do fenômeno, instâncias do signo e semiose" (Fig. 4.5), e dizer que estava na primeiridade tudo o que impressionou fisiologicamente o observador e tudo aquilo que atraiu sua atenção de forma intuitiva, ou, se preferirmos, tudo aquilo que atraiu sua atenção sem que ainda houvesse uma motivação explicável (a luz e a sombra, as massas volumétricas, as cores como impressão na retina etc.); o observador estava na secundidade quando tentava identificar aquele local, aquela pessoa, aquele contexto querendo dar-lhe uma interpretação (via a xícara de café; a mesa onde estava sentada uma pessoa, as paredes), mas não sabia nada sobre aquele ambiente (onde estava aquela pessoa? Além de tomar um café, o que mais estava fazendo? qual o nome dos objetos presentes na foto? etc.); o observador teria saído da secundidade e entrado na terceiridade se tivesse conseguido dar alguma resposta que procurava (é um bar, ou é uma casa, ou é um local para degustação de café, é uma mesa, é um balcão etc.). Repare, porém, na complexidade da semiose! Com relação à mesa, aquela já era uma representação, portanto, um terceiro; com relação à xícara, ainda mais sendo especificamente de café, já era um terceiro; com relação à cadeira em que a pessoa estava sentada, já era igualmente um terceiro; com relação à pessoa, dado o entendimento de que se tratava de um ser humano, este já era um terceiro, mas o fato de o observador não saber de quem se tratava, qual era a sua profissão, onde ele estava etc. ainda fazia permanecer muitos aspectos daquela fotografia no estádio da secundidade. Tanto a terceiridade genuína quanto a terceiridade acidental, como explicado no tópico anterior, pertencem a um mesmo tipo de raciocínio, contudo, uma vez que as relações entre os elementos da terceiridade acidental são estabelecidas mentalmente, Peirce a define como uma terceiridade degenerada.

Figura 4.5 As três instâncias do signo operam sempre em simultaneidade, e delas emerge a semiose.

Há, porém, mais um tipo de terceiro, esse também definido por Peirce como uma terceiridade degenerada:

> *Na história natural, os tipos intermediários servem para trazer à tona a similaridade entre formas cuja semelhança poderia, de outro modo, escapar à atenção ou não ser devidamente apreciada. No retrato, as fotos fazem a mediação entre o original e a similitude. Na ciência, um diagrama ou um fato análogo àquele que

> *foi observado leva a uma ulterior analogia. As relações de razão que se movem para a formação da tal relação tripla não precisam ser todas de semelhanças. Washington estava eminentemente livre das falhas, visto que a maior parte dos soldados se assemelhava uns aos outros. Um centauro é uma mistura de homem e cavalo. Filadélfia fica entre Nova Iorque e Washington. Esses terços podem ser chamados de terços intermediários ou terços de comparação. (Peirce, CP 1.367 Cross-Ref:††)*

Em seu texto, Peirce não deixa muito claro, mas, ao que parece, o segundo tipo de degeneração da terceiridade é concernente ao uso de um ponto de referência como terceiridade. A rigor, quando um ponto de referência atua como um dos termos de comparação, ele é uma secundidade, pois está no campo da especulação de relações entre coisas. Acontece, no entanto, de esse mesmo ponto de referência poder ser uma baliza para que se estabeleça a relação entre um primeiro e seu segundo. Se tomarmos os exemplos avançados por Peirce, temos que: a representação expressa na fotografia é o que dá a certeza de que aquela figura é de fato uma imagem de um determinado local; um gráfico indica o fenômeno e nos avisa sobre o comportamento de todos os fenômenos semelhantes, pois todos respondem a um mesmo padrão de comportamento, uma mesma regra; quando Washington identificou um soldado, devido ao reconhecimento de um mesmo padrão para todos os soldados, qualquer soldado poderia ser reconhecido, mesmo que Washington o visse pela primeira vez; o centauro só pode ser reconhecido como uma mistura de homem e cavalo porque sabemos reconhecer tanto as características de um homem quanto aquelas de um cavalo, são modelos gravados na memória, e um modelo nada mais é do que a representação de algo na sua terceiridade; e, por último, ao dizer que a Filadélfia fica entre Nova Iorque e

Washington, passa a existir um sistema de referenciação que atua como uma lei, pois a Filadélfia não pode estar em outra direção, mas somente naquela, e isso é uma certeza. Se eu partir de Nova Iorque e quiser chegar a Washington, sei que tenho que tomar a direção de Filadélfia. Seria bem diferente se não houvesse esse lugar intermediário que convenciona uma direção. Se disséssemos apenas que a Filadélfia está aproximadamente a 150 quilômetros de Nova Iorque, a primeira coisa que viria à mente de quem quer chegar lá é: "em qual direção?". Seria, portanto, um segundo.

Ao colocarmos dois fenômenos ou elementos face a face, criamos, por meio de tentativas hipotéticas, algumas relações entre eles. Podemos distinguir duas formas de confronto: uma feita por meio da comparação direta entre elementos distintos e outra feita pela identificação de uma metáfora. Na comparação se estabelecem relações explícitas entre elementos, enquanto na metáfora tais relações permanecem implícitas, pois é necessário que o observador perceba as equivalências que não são apontadas. Mas, enquanto a comparação permanece na secundidade, a metáfora precisa da compreensão de um modelo de comportamento para ambos os fenômenos, de forma a consentir a identificação da semelhança entre eles, normalmente expressa por uma afirmação assertiva. A frase "você tem um coração duro como pedra" é uma comparação, está na secundidade, pois coloca a frigidez de alguém em confronto com a dureza da pedra, mas ainda carece de uma comprovação, tratando-se de uma opinião e não de um argumento. Ao dizer, no entanto, que "você tem um coração de pedra", a frase torna-se uma metáfora, passa à terceiridade, pois torna-se uma afirmação, uma conclusão sem espaço para discussão e, portanto, é argumentativa. A dureza da pedra, termo usado como ponto de referência em ambos os casos, passou de um simples ponto de referência a um ponto de referência que atua como um parâmetro, tornando-se um ponto fixo e estável que delimita os elementos (a dureza da pedra |

frieza emocional). Esse parâmetro passa a monitorar a demonstração de sentimentos daquela pessoa e a atuar como uma norma para interpretar sentimentos em fenômenos análogos àquele que levou o observador a exprimir tal juízo. Observado como aquilo que é, um ponto de referência apenas aponta para os objetos que está representando: um diagrama com as forças que atuam nas marés não é as marés; um diagrama de fluxo de uma tarefa não é a tarefa; a curva de crescimento de uma população não é o próprio crescimento populacional; mas indicam, por meio de uma analogia visual, como o fenômeno ocorre. Visto, porém, como parâmetro, o ponto de referência se apresenta também como um princípio que rege um comportamento. Ao olhar um diagrama da curva de crescimento populacional podemos perceber o próprio fenômeno do crescimento populacional por meio de uma relação indicial (secundidade), mas também podemos entender que há uma tendência ao aumento ou à diminuição da população pela dedução a partir da tendência de um comportamento-padrão (terceiridade). E não é somente isso, esse diagrama poderá mediar ainda a compreensão de outros fenômenos de crescimento populacional análogos que forem observados posteriormente.

De qualquer forma, mesmo que Peirce apresente uma manifesta separação das categorias, podemos entender que não há uma separação formal e muito clara entre elas, principalmente se observarmos as subdivisões das três categorias e as subsubdivisões das nove subcategorias. Ao falarmos de signo (Peirce, CP 5.90 Cross-Ref: ††), não somente a terceiridade supõe e envolve a secundidade e a primeiridade, mas nunca será possível encontrar secundidades ou primeiridades no fenômeno que não estejam acompanhadas da terceiridade. Peirce (CP 5.91 Cross-Ref: ††) rejeita a ideia de que, diante da terceiridade, a secundidade e a primeiridade possam ser canceladas, aliás, para ele, tais instâncias não são refutáveis nem podem ser refutadas, pois para existir a ideia da terceiridade é necessário ter havido as ideias da secundidade e primeiridade para construí-la. Peirce, contudo, aponta que, para haver uma terceiridade genuína, é necessário que a secundidade seja sólida e independente. Com isso, ele quer dizer que é necessário que os segundos sejam destacados de uma interpretação infundada e inconcebível. O mesmo ele diz que se aplica à primeiridade, que deve constituir-se em bases fundadas e concebíveis para formar a secundidade. Seja como for, Peirce (CP 3.422 Cross-Ref: ††) diz que na terceiridade existe algum reconhecimento de similitude (analogias, portanto secundidade), pois somente conseguimos determinar o signo na sua terceiridade se reconhecermos na natureza a mesma formalização de nosso raciocínio. Acho que podemos melhorar essa explicação acrescentando a ideia de construção da realidade. Sobre isso, Peirce diz que:

> *A Filosofia tem três grandes divisões. A primeira é a Fenomenologia, que simplesmente contempla o Fenômeno Universal e discerne seus elementos ubíquos, Primeiridade, Secundidade e Terceiridade, talvez junto com outras séries de categorias. A segunda grande divisão é a Ciência Normativa, que investiga as leis universais e necessárias da relação dos Fenômenos com os Fins, ou seja, talvez, com a Verdade, o Direito e a Beleza. A terceira grande divisão é a Metafísica, que se esforça para compreender a Realidade dos Fenômenos. Ora, a Realidade é uma questão de Terceiridade como Terceiridade, isto é, como mediação entre Secundidade e Primeiridade. A maioria de vocês, se não todos, são, não tenho dúvidas, nominalistas; e peço que não se ofendam com uma verdade que é tão clara e inegável para mim quanto a verdade de que as crianças não entendem a vida humana. Ser um nominalista*

> *consiste em estar no estado não desenvolvido da mente com relação à apreensão da Terceiridade como Terceiridade. O remédio para isso consiste em permitir que as ideias da vida humana desempenhem um papel maior na filosofia de cada um. Metafísica é a ciência da Realidade. A Realidade consiste em regularidade. A regularidade do Real é uma lei ativa. A lei ativa é a razoabilidade eficiente, ou, em outras palavras, é a razoabilidade verdadeiramente razoável. Razoabilidade razoável é Terceiridade como Terceiridade. (Peirce, CP 5.121 Cross-Ref: ††, maiúsculas e grifos do original)*

Entraríamos por um caminho relativamente complexo se quiséssemos entender que a Fenomenologia trata o fenômeno pela primeiridade, a Ciência Normativa pela secundidade e a Metafísica pela terceiridade (Peirce, CP 5.122 Cross-Ref: ††; CP 5.123 Cross-Ref: ††; CP 5.124 Cross-Ref: ††). É particularmente difícil compreender que a Ciência Normativa opera no campo da secundidade, pois as leis universais, que poderiam ser entendidas como terceiros, na verdade atuam na apreensão das relações entre os fenômenos e os fins, portanto, são segundos. É igualmente difícil entender que a Metafísica atua no campo dos terceiros. Mas o que se quer principalmente observar desse texto de Peirce é o entrelaçamento que ele estabelece entre algumas variáveis do nosso sistema de significação. Algumas relações são declaradas, outras permanecem implícitas. Ao dizer que a "Metafísica é a ciência da Realidade", fica clara a sua referência à realidade como uma entidade mental de representação, e que, portanto, somente pode existir como terceiridade. Ao dizer que "A Realidade consiste em regularidade", ele está dizendo que existe um padrão na realidade. Quando diz que "A Regularidade do Real é uma lei ativa", Peirce talvez não esteja distinguindo real de realidade, nem nos informa nada sobre esse real ser externo ou uma representação interna ao indivíduo, mas certamente está atribuindo a ele, o real, a propriedade de agir como uma lei que determina a representação de algo. E, por fim, ao dizer que "a lei ativa é a razoabilidade eficiente", fala do papel inevitável do indivíduo no reconhecimento, dentre os elementos da primeiridade, de uma correspondência condizente com o próprio sistema de significação. As relações que permanecem implícitas são aquelas ligadas ao conceito de universal. Quando Peirce critica o nominalismo e menciona "Fenômenos Universais", somos levados a colocar o nominalismo em confronto com o realismo filosófico e com o conceitualismo. O nominalismo é a corrente que não aceita o universal e o encerra apenas em um nome, portanto, não há para o nominalismo uma lei geral que possa regulamentar com razoabilidade a relação entre o fenômeno e a sua representação, mas cada representação será formada de um modo particular. Posicionando-se de maneira oposta, tanto o realismo filosófico quanto o conceitualismo admitem os universais. Para o realismo filosófico, os universais existem de maneira objetiva, ou como uma realidade em que o universal transcende todos os casos particulares, ou como uma imanência em que o universal perpassa cada coisa particular e as equaliza no mesmo plano qualitativo e valorativo ao obedecer a uma lei geral. O conceitualismo, no entanto, pressupõe que o universal exista apenas como conceito, como uma representação mental que deriva das coisas mantendo alguma semelhança com elas. A questão que se coloca aqui – e que já foi tocada quando falamos dos processos inferenciais – é a razoabilidade daquilo que se apresenta diante de nós para ser representado de uma certa forma. Na seção "Inferências: jogo de lacunas e presenças" do Capítulo 3, foi explicado como procuramos, em um dado momento e contexto, as relações mais adequadas dentre aquelas disponíveis para preencher uma lacuna na significação, e é à razoabilidade da nossa escolha que Peirce atrela a ideia de uma lei universal presente no real. Ficamos um pouco desconcertados, porém, quando lemos em Peirce (CP 8.327 Cross-Ref: ††) que "o mais alto grau de realidade só é alcançado pelos signos".

As inferências são os processos pelos quais geramos significação para um conjunto de signos, portanto são os procedimentos basilares da semiose. Apesar de as três inferências estarem no campo da terceiridade, pois envolvem a afirmação de uma sentença e exigem uma conclusão, cada uma delas está ligada a uma das três categorias: primeiridade, secundidade e terceiridade. Nos processos abdutivos o observador recorre à primeiridade, pois é a partir da percepção do objeto existente no real que ele consegue supor, de forma temporária, uma regra (que atuará como uma regra até ser confirmada como regra ou rejeitada, caso no qual, então, saberemos que se tratava somente de uma hipótese); os processos indutivos, ao contrário, se apoiam na secundidade, visto que é pela experimentação reiterada do fenômeno que o observador consegue extrair uma regra explicativa para o fenômeno observado; na terceiridade, porém, o observador parte justamente de uma regra preconcebida e consegue reconhecer uma relação entre o fenômeno e a regra.

Dinâmica da semiose

Suponhamos que um neonato nunca tenha tido contato com nenhum estímulo externo e a primeira coisa que ele vê ao nascer é o teto branco de um quarto (Fig. 4.6). Ele nunca viu nem sentiu mais nada além daquela superfície branca diante de si. O que essa superfície poderia ser para esse neonato?

A resposta é um pouco brutal, mas muito simples: nada! Essa superfície branca não pode ser coisa alguma para esse neonato, pois não existe nada no ambiente que possa confirmar que aquela parede esteja lá. Não há uma mancha; não há um pedaço de cor diferente, um descascado ou um objeto qualquer pendurado que possa se distinguir daquela superfície e, assim, dar existência a ela. Se, porém, pintarmos de preto a metade do teto que está diante do campo visual do bebê neonato, ele saberá que o branco não é o preto e o preto não é o branco, ou seja, que existem dois elementos diferentes, mesmo que ele não saiba o que é o branco e o que é o preto, pois um elemento automaticamente define o outro (Fig. 4.7).

Figura 4.6 Teto branco no campo visual de um suposto neonato.

Figura 4.7 Metade do teto branco e metade do teto preto no campo visual de um suposto neonato.

Dessa forma, branco e preto passam a ser definidos um pelo outro, um passando a ser o que o outro não é: o branco não é o preto e o preto não é o branco. Como vimos na seção "Representação e significação" do Capítulo 2, para que haja uma ou outra é necessário que haja pelo menos dois referentes colocados um em relação ao outro. É exatamente assim que acontece pelo ponto de vista existencialista da psicanálise, esse primeiro estímulo externo tem a ver com as sensações ainda intrauterinas que aportam ao bebê a percepção da existência. Automaticamente, ligada à percepção da existência, no outro lado da moeda, está também a não existência. Nesse caso o bebê pensaria: "se eu existo, há algo que não existe", mas discutiremos essa questão mais adiante, quando colocarmos em confronto a cadeia de significantes com a semiose. O importante, agora, é entender que, apesar da aparência diádica instaurada pela contraposição das duas superfícies, a semiótica concebe que no processo de significação as relações estabelecidas são triádicas, pois envolvem três instâncias: primeiridade, secundidade e terceiridade. Quando o neonato recebe os estímulos de luz provenientes do ambiente, ele está no estádio da primeiridade. Mesmo a qualidade daqueles estímulos, sendo um a luz refletida e o outro a luz absorvida, enquanto estímulo sensorial está no estádio da primeiridade. O neonato passará à secundidade do signo somente quando correlacionar as duas superfícies, encontrando, então, os traços que as distinguem. Por fim, o neonato chegará à terceiridade por meio de uma conclusão que, nesse caso, só pode ser aquela que diz que uma superfície não é a outra. Com esse processo, o bebê aprendeu que o branco não é o preto e o preto não é o branco. Temos, então, dois signos estabelecidos: um que define a superfície preta e outro que define a superfície branca. Com o passar do tempo, o neonato poderá até atribuir arbitrariamente nomes a essas duas superfícies, como *branco* para uma e *preto* para a outra. Continuando nossa digressão, suponhamos que, depois de nomear as duas superfícies, enquanto a criança dormia, decidimos pintar um quadrado cinza entre as duas superfícies (Fig. 4.8).

Em um primeiro momento a criança estranhará aquela nova forma. A estranheza é típica da primeiridade e se manifesta naquele momento em que a criança é arrebatada pelo estímulo, o que pode durar somente 40 milésimos de segundo (tempo para que se completem as sinapses). Depois a criança irá recorrer a seu arcabouço de conhecimento, e, visto que só tem dois signos cristalizados em sua mente – o branco e o preto –, ela os usará como hipóteses (portanto secundidades) para estabelecer um entendimento da nova forma que se apresentou diante dela.

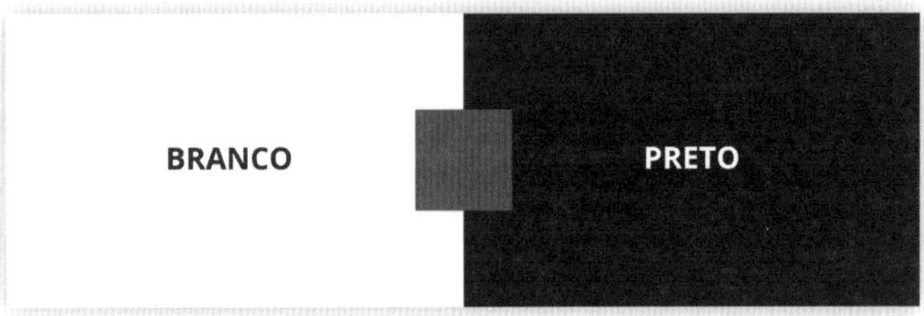

Figura 4.8 Inserção de um quadrado cinza no campo visual do suposto neonato.

A criança provavelmente perguntará: "mas... isso é preto?" e a resposta será: "não, não é preto". Então, perguntará de novo: "será que é branco?" e responderá: "não, não é branco", e permanecerá em dúvida, perguntando-se o que é aquilo até que encontre uma nova sentença conclusiva (terceiridade), que pode ser: "ah, é algo que está entre os dois, então vou chamar isso de cinza!". O processamento da semiose começou quando a criança usou signos que já conhecia (preto e branco) para elucidar o novo signo (cinza) e o bloco de processamento se encerrou quando a criança chegou ao veredito de que aquela superfície não era nem um, nem outro signo e, portanto, poderia inclusive dar-lhe um novo nome: cinza! (Fig. 4.9).

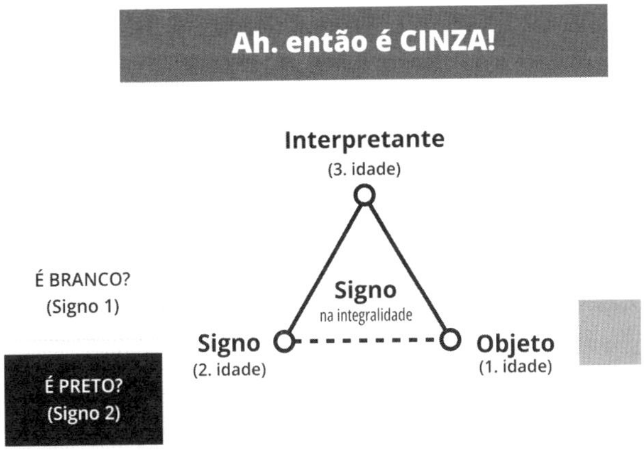

Figura 4.9 Princípio da semiose: alguns signos precedentes (nesse caso, o preto e o branco) atuam para o entendimento de algum signo subsequente (nesse caso, o cinza).

O funcionamento geral da semiose é de entendimento relativamente simples: processos sígnicos geram signos que, quando postos no lugar de objetos, dão lugar a novos processos sígnicos. Asseguro-lhes, no entanto, que o triângulo de Peirce é capaz de mostrar aspectos bastante mais complexos da semiose que muitas vezes ficam subjacentes, o que nos impede o entendimento mais exato do seu funcionamento. Elenco a seguir alguns mecanismos da dinâmica da semiose proposta por Peirce que pessoalmente considero importante levar em consideração. Uns são facilmente perceptíveis, outros, nem tanto: (1) o processo de significação completado define um signo em sua integralidade, e a sua terceiridade (conclusão, resultado) se manifesta como um interpretante; (2) os processos anteriores (sintetizados em signos na sua integralidade) podem atuar como signos (na secundidade) em processos subsequentes, e é por isso que no lugar da secundidade está o termo signo; (3) signos na integralidade, definidos em processos anteriores, podem atuar também como objetos em novos processos; (4) o interpretante (terceiridade) é a conclusão de um processo sígnico que passa a representar um objeto, a ponto de nos fazer esquecer do próprio objeto, e, por isso, acaba ocupando o lugar do signo na sua integralidade, sobretudo nas situações em que foi criado um automatismo; são esses automatismos gerados como interpretantes em operações anteriores que irão mediar a relação entre o objeto e o signo na secundidade em operações posteriores, e é por isso que a linha que liga o objeto ao signo é tracejada, indicando que essa relação deve ser mediada por interpretantes.

Repare, na Fig. 4.9, que tanto o branco quanto o preto foram definidos pela criança como os interpretantes, resultantes da conclusão de um processo triádico anterior. Depois, quando a criança percebe o cinza, aqueles signos na sua integralidade, o preto e o branco, se reapresentam no lugar do signo como secundidade, como hipóteses, como dúvidas, em um novo processo triádico. Isso explica o porquê de o inteiro triângulo semiótico de Peirce ser o signo na sua integralidade e, ao mesmo tempo, estar na posição do signo na sua secundidade. A figura explica também que é o interpretante do processo anterior quem medeia a relação entre o objeto e o signo corrente, ou seja, preto e branco eram os interpretantes do processo anterior e são eles que ora participam, como signo, na elaboração do novo conceito: o cinza. A linha tracejada assinala justamente a relação que há entre objeto e signo por meio dos interpretantes (mas não se trata do interpretante que ainda não está formado no presente processo de significação, e sim dos interpretantes já cristalizados em sua memória em processos precedentes). A criança, então, pondera que não se trata nem do branco nem do preto, mas de uma outra coisa. Conclui dizendo que aquele novo objeto é o cinza. De agora em diante, a criança pode lidar diretamente com o signo cinza já representado na sua mente e não precisará mais recorrer nem ao preto nem ao branco para defini-lo. A criança poderá inclusive observá-lo isoladamente e, ainda assim, ser capaz de identificá-lo, confrontando-o com modelos armazenados na memória, sem precisar refazer novamente todo o processo. O mesmo ocorrerá para o preto e para o branco: mesmo que a criança se encontre novamente diante de uma superfície toda branca, ela será capaz de identificá-la se as condições de iluminação forem aproximadamente as mesmas do lugar onde a viu pela primeira vez.

É por meio da articulação dos signos que a semiose se evolverá, e trata-se de um processo irrefreável. Na formação do signo cinza, primeiro a criança entrou em contato com um fenômeno: as ondas eletromagnéticas no espectro visível do cinza. Essas ondas penetraram nos olhos inexperientes e sensibilizaram as retinas (primeiridade). Em seguida a criança se perguntou se aquele cinza seria o branco. Com essa hipótese em mente, relacionou o cinza com o branco e concluiu que não, não era branco. Perguntou-se, também, se poderia ser, então, o preto, mas, ao relacionar com esse signo, também concluiu que não era o preto (secundidade). Ela concluiu, então, que era uma outra tonalidade, à qual deu o nome de cinza (terceiridade). Contando, ainda, com a paciência do leitor, vou pedir para supor que, por meio de inúmeros processos semelhantes a esse, a criança tenha elaborado signos para cada uma das coisas que lhe está no entorno: muitas das cores e tons; muitos dos materiais; muitas das formas; muitos dos objetos que conjugam as cores, as formas, os materiais e tantas outras características fenomenológicas, todas transformadas em signos. Peço para considerar, também, que um processo idêntico foi experimentado para cada um dos sentimentos e para cada uma das coisas indizíveis por meio de palavras que a criança experimentou, mas que foram suscetíveis de significação, mesmo que só imagética. Sabendo disso, com muita liberdade expressiva podemos avançar outro cenário, que será retomado mais adiante, para discutir a relação entre a cadeia de significantes e a semiose, mas que agora nos serve para entender melhor o processo da semiose.

Quando entrou no quarto, Augusto D.[2] percebeu que era um ambiente muito sóbrio, com poucos móveis e quase nenhum objeto. Havia um armário de madeira escura, uma cômoda com espelho, uma cama e uma mesinha de cabeceira. Sobre a mesinha de cabeceira havia um abajur. Estava escuro, então ele o acendeu, e a cúpula de tecido deixou passar apenas uma pouca luz. A luz fraca permitiu que ele visse uma cestinha com novelos de lã sobre a cômoda e duas agulhas de tricô espetadas em um pedaço já trabalhado. Ele se sentou na cama e, absorto em suas memórias, apenas desfitava os poucos elementos presentes no quarto. Observou por debaixo do pé alto da cômoda que havia uma bola de lã cinza, bem no cantinho, no ângulo da parede perto do rodapé.

— Provavelmente é um final de novelo que caiu e não foi recuperado por causa dos limites que a idade avançada impõe. Será que ela deixou esse novelo ali para pegá-lo depois com uma vassoura? — ponderou Augusto D.

Voltou sua atenção para a cestinha, perguntando-se:

— O que será que ela estava fazendo com esse tricô? Será que era para ela mesma ou seria para dar de presente a alguém? Esse trabalho continuará para sempre inacabado, eu não sei fazer tricô... — concluiu e levantou-se.

Foi tentar identificar que peça era aquela que estava sendo tecida. Não conseguiu decifrar o que era. Apenas uma tira. Poderia ser qualquer coisa: um cachecol, a barra de um pulôver ou mesmo um tapetinho para não pisar no chão frio, visto que ali não havia nenhum...

2 Não, Augusto D. não é um nome escolhido por acaso.

Sentou-se novamente na cama e teve a sensação de que o novelo de lã tinha se movido. Fixou-o por alguns segundos e concluiu que era só sua imaginação. Talvez sugestionado pela emoção, no entanto, uns segundos depois voltou a controlar aquela bola de lã. Fixou novamente seu olhar e com esforço procurava definir melhor os contornos do novelo.

— Será que é um novelo de lã ou de linha? Ou será que é de outro material qualquer? — se perguntou e, então, resolveu abrir a janela para melhorar a iluminação do cômodo antes de se abaixar para pegar o novelo.

Ao se ajoelhar e observar o novelo de lã com mais luz, assaltou-lhe o pânico que o fez estremecer o corpo. Em apenas um relance pôde ver um par de orelhas. Entendeu imediatamente que, na verdade, aquela bola de lã era um rato. Sua vista escureceu, desviou seu olhar imediatamente daquela terrível visão.

Sempre teve pânico de ratos e, num salto, colocando-se de pé, correu na direção da porta gritando:

— Um rato! Um rato! Um rato!

Alguém veio em seu socorro já com uma vassoura na mão. A mesma vassoura que teria servido para recolher o novelo de lã ironicamente serviria para se livrar daquele roedor. Quando o pequeno animal foi molestado pelas cerdas da vassoura, retirou-se com os movimentos vacilantes e pouco específicos de um rato.

— Será que está machucado? — pensou o interventor, mas essa hipótese caiu por terra tão logo o pequeno animal cinza mostrou suas asas, levantou voo e, após alguns giros dentro do cômodo, desapareceu pela janela que tinha sido aberta por Augusto D.

Podemos identificar duas temáticas centrais nessa narrativa que resume toda a história contada: um tema que mostra como Augusto D. identificou imediatamente um cestinho de lã, duas agulhas e um trabalho de tricô em andamento, mas não teve como descobrir qual peça estava sendo trabalhada; outro tema que explica como Augusto D., mesmo não identificando imediatamente o objeto cinza que estava sob a cômoda, foi aos poucos formando uma ideia distinta daquela original até chegar a outra conclusão. Esses dois temas centrais tanto servem para ilustrar a primeiridade, a secundidade e a terceiridade no processo de significação quanto podem esclarecer um pouco sobre os mecanismos da semiose presente na construção do sentido, graficamente ilustrada na Fig. 4.10.

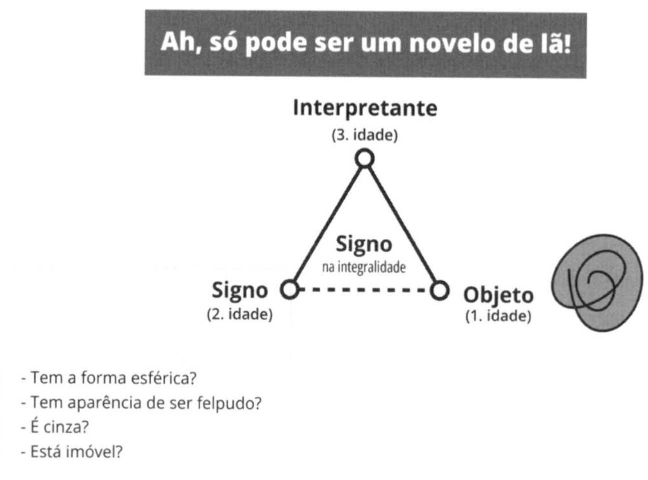

Figura 4.10 Primeira significação para o objeto cinza.

Houve um primeiro entendimento sobre aquele objeto cinza (Fig. 4.10). A primeiridade foi desencadeada pelos estímulos provenientes daquele ambiente com pouca luz. Não se viam bem os detalhes, mas o suficiente para perceber algumas características. Durante um brevíssimo tempo, ele ponderou confrontando com modelos armazenados na sua memória e, certamente, avaliou a forma, a aparência superficial, a cor, a textura e considerou que era absolutamente inerte. Por alguma estranha razão, Augusto D. relacionou o cesto de lã àquele objeto cinza e, então, resolveu que se tratava de um novelo caído no chão. Pôde manter essa certeza (3.^{idade}) até que novas evidências (1.^{idades}) o levassem a ter dúvidas (2.^{idades}) sobre a sua afirmação precedente, e, depois de analisar tudo mais uma vez, chegou a uma nova certeza (uma ulterior 3.^{idade}): aquilo era um rato! O que mudou efetivamente? Ele apenas percebeu um par de orelhas e lembrou-se que tinha tido a dúvida de aquele objeto ter-se movido. Eis aí o que é uma semiose, um processo infinito de um subseguir-se de signos que se desdobram em outros signos. A semiose é desencadeada quando nossa atenção é dirigida novamente para um fenômeno do qual percebemos novas evidências que nos levam a novas elucubrações e nos permitem gerar novas conclusões (Fig. 4.11).

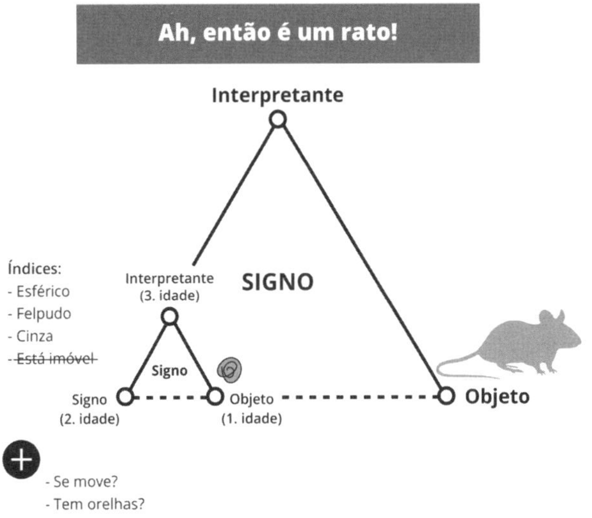

Figura 4.11 Também chamada de processo sígnico, a semiose se refere aos mecanismos usados para articular ligações entre signos.

Como se vê, algumas correções tiveram de ser realizadas para que aquilo que fora interpretado como um novelo de lã passasse a ser interpretado como um rato. Incluíram-se as orelhas no elenco dos elementos analisados para identificar a forma e resgatou-se na memória a possibilidade de que aquele objeto cinza tivesse se movido. Essas alterações somente foram possíveis porque novos *inputs* sensoriais atuaram no estádio da primeiridade. Todas essas mudanças geraram um novo significado. Aquele objeto agora não poderia ser mais um novelo de lã, e a conclusão mais imediata foi a de que se tratava de um rato. Porém, ao agir para remover aquele animal do lugar onde estava, descobriram-se novas características: ele tinha asas e voava (Fig. 4.12).

Figura 4.12 Ulterior articulação gerada entre os signos para, em uma contínua semiose, gerar novos significados.

O inteiro processo do signo-novelo-de-lã que levou ao interpretante "novelo de lã", com as novas evidências (o objeto têm orelhas e se move), passou a agir, no processo do inteiro signo-rato, como um segundo. Dessa forma, criou-se uma relação entre o signo anterior (signo-novelo-de-lã) com o signo posterior (signo-rato), relação intermediada pelo interpretante "novelo de lã", somado aos interpretantes "se-move" (gerado no signo-movimento) e "tem-orelhas" (gerado no signo-orelhas). Um período extremamente breve foi suficiente para que novas evidências (o objeto tem asas e voa) viessem à tona e alterassem mais uma vez o entendimento sobre aquele objeto. A mesma dinâmica se repetiu: o interpretante de um signo anterior (no caso, o interpretante "rato"), junto às evidências de que tinha asas e voava, passou a ocupar o lugar de segundo no processo de formação do signo-morcego. Um fato curioso é que, mesmo que a palavra não tenha sido nominada textualmente, todos nós chegamos à conclusão de que aquele animal era um morcego. É muito mais verossímil pensar em um morcego do que acreditar que um rato tenha voado. Há, portanto, uma parte da semiose que ocorre fora do ambiente concreto, sendo alimentada somente pelos impulsos sensoriais provenientes do ambiente, mas precisa dos elementos formais presentes na nossa memória. Cuidaremos melhor desse aspecto quando falarmos de percepção e cognição, mais adiante.

Uma coisa que salta aos olhos nos dois processos (morcego e cestinho de lã) é que existem dois andamentos diferentes em cada uma das situações: aquele relacionado à suposta bola de pelo, que é um processo que acontece bem lentamente até se completar em um interpretante mais definitivo, o "morcego"; e outro relacionado ao cestinho com uma faixa de tricô trabalhada, que, apesar de ser bem mais rapidamente reconhecível como terceiridade (cestinho de lã), em seus desdobramentos não se completa em um interpretante (que trabalho estaria sendo feito? Não sei fazer tricô!). No processo que parte do novelo-de-lã até chegar ao morcego foram experimentados vários ciclos de relações objeto-signo-interpretante até que se obtivesse um conceito concludente como terceiridade: é um morcego. No processo do cestinho, entretanto, a terceiridade se completa somente quando entendemos que se trata de um cestinho para guardar material de tricô, mas permaneceremos em um perene estado de secundidade se quisermos decifrar a peça que estava sendo produzida ou se quisermos entender como aquele material foi tecido se nunca aprendermos como o tricô é feito.

Se o primeiro caso foi importante para ilustrar a dinâmica da semiose, o segundo exemplo, o da cestinha de lã, serve para ilustrar a importância do lugar do observador no inteiro processo da semiose. Quando o observador quis interpretar aquele objeto que estava posto sobre a cômoda, ele muito rapidamente chegou a uma terceiridade, identificando-o como um cestinho com material de tricô usado por quem realiza trabalhos manuais. Nesse momento o observador estava olhando o conjunto de uma localização bastante externa com uma visão bastante global. Quando se aproximou da cômoda, o observador viu que havia um material sendo trabalhado, então se perguntou que peça era aquela que estava sendo feita. O inteiro conjunto nesse momento se atomizou. No centro da atenção passou a estar apenas a faixa que estava sendo trabalhada. O cesto, os novelos de lã e as agulhas passaram a ocupar um lugar periférico na sua atenção. Os indícios (secundidade) presentes naquele pedaço de malha já trabalhado não permitiram que o observador chegasse a uma conclusão para a pergunta que se fez. Naquele momento o observador foi capaz de, pelo menos, reconhecer aquela como uma peça trabalhada em tricô, e esse reconhecimento estava na terceiridade. Mas o processo da semiose não terminou aqui, pois, quando o observador pensou "eu não sei fazer tricô", além de admitir que desconhecia o procedimento que permitiu que aquela faixa de malha fosse elaborada, isso significou também uma radical mudança no lugar do observador. A faixa de malha deixou de ocupar o lugar central da sua atenção, indo para um lugar periférico, e o ponto executado tomou o seu lugar de centralidade. Ele ainda via a malha, mas não sabia como ela tinha sido feita. Aquela malha, que até então era uma terceiridade, a partir do momento em que ele pensou em como poderia executá-la, assumiu o lugar de uma secundidade indecifrável. Se antes ele olhava para a faixa de malha como um todo, agora ele observava apenas um aspecto dela: a execução do ponto e, não sabendo executá-lo, a malha não se poderia completar como uma terceiridade.

Na semiose os mecanismos do processamento lógico ocorrem em várias dinâmicas. Um dos mecanismos é relativo à substituição do objeto por seu signo e seus desdobramentos em diversos estratos. Em um primeiro estrato, temos estímulos que delimitam um objeto. Caso entre na nossa atenção, esse objeto será substituído por um signo. Ainda no mesmo estrato, quando esse signo for evocado, será evocado por meio do seu interpretante. Passaremos, então, a lidar não mais com o objeto – nem com o signo como um todo –, mas com o seu interpretante. Em um estrato subsequente, receberemos outros estímulos provenientes do ambiente, portanto o objeto resultante, se ainda estivermos atentos, será outro. E, como ocorre com todo objeto capturado pela nossa atenção, esse também será substituído por um signo, mas no processo de substituição evocaremos em nossa memória signos precedentes que nos poderão auxiliar na identificação daquele objeto. Como eu disse antes, quando evocamos um signo, evocamos na verdade o seu interpretante, aquilo que ficou armazenado na nossa mente como um representante do objeto. Assim, interpretantes de signos anteriores atuarão na qualidade de signo (em sua secundidade) para o signo (na sua integralidade) que está sendo formado. São os interpretantes anteriores, portanto, que medeiam a relação que há entre o objeto e seu signo.

Devemos considerar que a possibilidade de uma completa representação dos objetos dependerá de vários fatores: da capacidade de escolhas do observador; de seu arcabouço de saberes, do seu *modus operandi* perceptivo e cognitivo. Devemos, porém, ter em conta também que é importante como as informações provenientes do ambiente estão dispostas. A forma como tais informações estão organizadas é o que constitui a linguagem, que também impõe os seus limites para a interpretação.

5. Relação entre a cadeia de significantes e a semiose

A cadeia de significante é uma estrutura na qual se apoia a significação, e a semiose é o próprio processo de significação. Na cadeia de significantes é necessária a presença de um ser existencial que se mova de significante em significante para gerar os significados. Na semiose, esse ser está ausente, e quem o encarna é o interpretante. Porém tanto a psicanálise quanto a semiótica acreditam que o que faz mover os processos de significação é a busca por aquela, já mencionada neste livro, verdade ontológica isenta de moralidade, mas desejosa de encontrar correspondências entre o ser e o ambiente.

Existe um momento no qual somos tocados pelos fenômenos, e a percepção é o que nos coloca em relação com o mundo exterior. Aquele átimo imediatamente anterior que nos toca é provocado pelo que Peirce chama de objeto dinâmico e é algo equivalente à noção de real para a psicanálise (foi por isso que eu disse, quando apresentei os conceitos de real, simbólico e imaginário, que as duas tricotomias se aproximavam parcialmente somente quando se colocava em relação a primeiridade com o real). O objeto dinâmico irá atiçar nossos órgãos sensoriais, provocando em nós estímulos físicos, e a essa situação, nas palavras de Peirce, chamamos de *perceptum*.

Esses estímulos físicos tornam-se reações fisiológicas. Nesse instante nossos filtros sensoriais são ativados, e aquilo que conseguimos apreender e fixar do objeto dinâmico é o que passaremos a chamar de objeto imediato. Alguns autores dirão que o objeto imediato provoca em nós as reações fisiológicas, mas de fato esse objeto é consequência e resultado das nossas reações fisiológicas ao estímulo. Esse momento da percepção é o que Peirce denominou *percipuum*. Podemos dizer que é na transição do objeto dinâmico para o objeto imediato que o presente fenomenal existe, pois todo o restante ou é pretérito ou é porvir. Digo presente fenomenal porque temos de distingui-lo de um presente existencial que não se restringe ao instante da transição do objeto, transcendendo esse momento com articulações entre as interpretações do passado e as intenções interpretativas para o futuro, em um jogo de retrospectivas e projeções. Apesar de não ter identificado nenhuma terminologia no campo da semiótica nem da psicanálise para distinguir aquilo que ora passo a chamar de *presente fenomenal* daquilo que chamo de *presente existencial*, posso dizer que para a semiótica o presente existencial é tudo o que ocorre na semiose, enquanto para a psicanálise o presente existencial ocorre na cadeia de significantes. Temos que reconhecer, porém, duas coisas: (1) que a semiótica tem melhores apetrechos lógicos para lidar com o presente fenomenal e entender seu desdobramento cognitivo na semiose; e (2) que a psicanálise está muito mais bem aparelhada para lidar com o presente existencial, pois ela é capaz de identificar que o sujeito emerge na cadeia de significantes, e é no exato instante em que alguém se coloca ativamente no preenchimento do vazio que existe entre um significante e outro que o sujeito se engendra e o presente existencial se instaura. Isso só pode acontecer em um arco temporal mais alargado que o singular instante da aquisição do significado, que é o presente fenomenal.

Falta, no entanto, entender como o objeto se torna aquele elemento ponderável, embrião de todo o processo cognitivo. Nas explicações de Peirce, o objeto dinâmico está presente no estádio do perceptum e se transforma em objeto imediato nos estádios do percipuum e do juízo perceptivo. Primeiro explico como entende Peirce e, ao final dessa explicação, apresento um desdobramento do objeto imediato para um entendimento mais alargado da questão da interpretação. Podemos sustentar que há um momento em que o objeto deixa de ser físico, torna-se menos fisiológico e mais cognitivo, isto é, deixa de ser concreto e passa a ser abstrato, pois dependemos dessa transformação para que possamos manipular o objeto mentalmente. O objeto dinâmico está constantemente em estado de vir-a-ser, no entanto, o objeto imediato também conserva um certo dinamismo, pois ele é permanente só até quando for substituído por outro objeto imediato mais fidedigno. Essa relação de fidedignidade da imagem com o objeto é conseguida pelo que Peirce chama de *juízo perceptivo*.

Se retomarmos o exemplo novelo de lã → rato → morcego, que foi usado para explicar a semiose, poderemos entender com mais clareza os conceitos de objeto dinâmico e imediato. Ao olharmos para o chão, no ângulo entre duas paredes, vemos uma bola cinza, mas a luz fraca e a distância não nos permitem identificar o que é aquela "massa". Esse é o que Peirce chama de objeto dinâmico, ele está aberto para ser qualquer coisa. Ao observarmos que aquela massa tem a aparência de pelos, mas permanece imóvel, podemos inferir que se trata apenas de uma bola de pelos e, ao inferi-lo, esse se torna automaticamente um objeto imediato. Quando nos aproximamos, porém, percebemos que há orelhas naquela bola de pelo, portanto, trata-se de outra coisa. O objeto volta a ser dinâmico, aberto a possibilidades de interpretação, pois há novos indícios sendo mostrados. Podemos, no entanto, concluir rapidamente que se trata de um rato, e essa nova conclusão reconverte o objeto dinâmico em objeto imediato. Ilustro dessa forma para mostrar que, apesar de ser mais permanente, o objeto imediato não é perene e pode sofrer requalificações, reclassificações, ser renomeado etc., mas, retomando o exemplo, se decidirmos lidar com aquele objeto, tanto mentalmente como de maneira concreta, será necessário fixarmos uma interpretação (esse é o ponto do processo perceptivo que me levou a propor um desdobramento do objeto imediato em objeto final). Se interpretarmos aquele objeto como uma bola de pelo, teremos uma reação; se for interpretado como um rato, nossa reação será outra. Se para nós aquele objeto for uma bola de pelo, teremos um impacto emocional bem distinto daquele provocado se o entendermos como um rato, assim como nosso comportamento físico e emocional será completamente diferente. Apesar de o objeto ser responsável por nos fornecer as informações daquilo que ele mesmo é (pois ele está posto no real), quem decide sobre o que ele será de fato (ou seja, em qual realidade ele será encaixado), completando todas as informações faltantes, é o nosso juízo perceptivo. É o juízo perceptivo que, ao final do processo perceptivo, dará uma sentença classificatória ao objeto. Essa classificação serve para operarmos mentalmente o objeto a fim de confrontá-lo com modelos mentais predefinidos na memória. Somos tentados a pensar que a primeira das classificações deveria ser aquela de definir se o objeto já é conhecido ou não. Isso é verdade em parte, pois, apesar de a primeira coisa que fazemos diante de um objeto seja procurar reconhecê-lo, efetivamente o que ocorre não é tão simples assim, já que pode acontecer de reconhecermos somente parte do objeto. A classificação de um objeto não ocorre de forma polarizada: ou como algo ex-novo, situação perceptiva que Peirce define como antecipuum; ou como algo plenamente reconhecível, situação que ele denomina ponecipuum.

As possibilidades entre o plenamente conhecido e o plenamente novo são infinitas. Serão as nossas interpretações mediadas por nosso juízo perceptivo que localizarão o grau de familiaridade que temos com o objeto percebido. Peirce (CP 7.648 Cross-Ref:††; CP 7.649 Cross-Ref:††) entende que tanto o percipuum quanto o juízo perceptivo lidam com o objeto imediato. É preferível que o distingamos em dois objetos distintos: um, que será mantido com o nome de objeto imediato e é aquele que usamos durante o estádio do percipuum, já explicado antes, quando o objeto passa por filtros cognitivos e se conforma como uma realidade, ou seja, uma representação; o outro, que foi denominado *objeto final*, que é o objeto imediato representado e interpretado (mesmo que provisoriamente) pelo juízo perceptivo. A diferença entre o objeto imediato e o objeto final é que o primeiro é uma representação (alguma coisa que está no lugar de outra coisa), enquanto o objeto final, além de uma representação, é uma forma cristalizada por uma interpretação (o que eu penso que aquele algo que está no lugar de outra coisa seja). Nesse sentido, o objeto final coincide com o signo. Para Peirce (CP 4.539 Cross-Ref:††– §4. Universes and predicaments), o juízo perceptivo define o interpretante na relação triádica do signo, objeto-signo-interpretante. Isso quer dizer que para Peirce a percepção é toda ela um processo triádico de primeiridade, secundidade e terceiridade, mas que irá constituir um interpretante para ser usado na primeiridade, substituindo o objeto concreto em um processo de sucessivas interpretações que se valerão de sucessivos interpretantes, todos reconvertidos temporariamente ao estádio da primeiridade.

O signo representa seu objeto por meio de uma interpretação e, ao mesmo tempo, a interpretação requer um signo referente ao seu objeto. Nas palavras de Peirce (CP 4.536), "um signo tem um objeto e um interpretante, sendo esse último aquilo que o signo produz na quase mente de um intérprete, impelindo-o a uma sensação, a um esforço mental ou a um signo, cujo propósito é o interpretante". Ele conclui dizendo que "existem dois objetos e muito mais do que dois interpretantes". Essas duas falas deixam claras duas coisas: (1) que o objeto, na sua totalidade, se identifica com o significante psicanalítico, mas a noção de objeto é insuficiente para descrever o significante por inteiro, pois, (2) quando Peirce fala que o interpretante é aquilo que é produzido na "quase mente" de um intérprete, ele está dizendo que o interpretante tem um pé no significante (completando o conceito de significante que a noção de objeto não é capaz de alcançar) e tem o outro pé no significado que termina de explicá-lo por completo.

Se quisermos uma imagem que facilite esse entendimento da metáfora perceptum-percipuum-juízo perceptivo, podemos observar a Fig. 5.1, na qual já está incluído o objeto final ora proposto (os puristas podem simplesmente negligenciar o objeto final e considerá-lo como o mesmo objeto imediato).

O triângulo semiótico nessa imagem um pouco "espalhafatosa" será desdobrado adiante de maneira um pouco mais sóbria, para mostrar, com alguns detalhes, que o interpretante está mais ligado ao objeto que à sua representação. Neste momento, peço que reparem que ambos os triângulos semióticos têm a linha tracejada na relação entre o objeto e o interpretante, com a aparência proposta por Ogden e Richards (1923/1989). Isso se deve ao fato de estarmos fazendo uma metáfora dos estádios de primeiridade, secundidade e terceiridade, aplicando-a ao perceptum-percipuum-juízo perceptivo antes do processo de semiose ter sido desencadeado. Muitas são as semelhanças (sobretudo nos discursos) entre as propostas de Peirce e de Lacan. Uma delas é que ambos os processos falam da substituição do mundo factual por um objeto mental equivalente ou, se preferirem, por um representante. Outra é que são processos cíclicos e admitem o resultado final de um processo anterior como o ponto de partida para outro processo posterior: o significado poderá ser usado como um significante e o interpretante ser usado como um objeto. Além dessas semelhanças, existe o fato de um interpretante estar sempre em relação a um significante. São, no entanto, as diferenças que permitirão entendermos como as duas correntes se complementam ou divergem irremediavelmente. Devemos, portanto, com relação à figura anterior, tecer algumas considerações sobre essas diferenças.

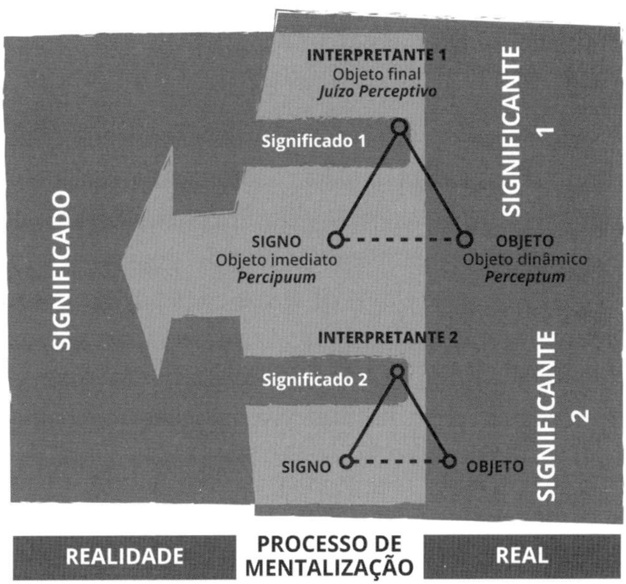

Figura 5.1 Metáfora do perceptum-percipuum-juízo perceptivo e a localização dos elementos da tríade objeto-signo-interpretante, no seu aspecto estático, em relação ao significado/significante.

A primeira das diferenças é justamente aquela que marca a questão existencial no modelo psicanalítico. O interpretante, aquele elemento que no desenho de Peirce se permite ser usado como um objeto, está no mesmo nível hierárquico de compreensão que o próprio signo, e o processo de significação ocorre sem nos darmos conta da presença de um ator que, apesar de operar a significação, permanece subjacente ao processo. Quando a psicanálise sustenta que são necessários dois significantes postos em relação entre si para se chegar a um significado, ela introduz um hiato entre um significante e outro que precisa ser preenchido. Dessa forma, o modelo de Lacan antecipa a existência de um operador capaz de realizar a escolha dos significantes e de definir as relações entre eles. Tal compreensão do processo de significação assinala o papel de um indivíduo que, de maneira experiencial, se coloca como o construtor do significado.

Outra diferença é referente a como cada uma das duas correntes de pensamento organiza as etapas de transformação dos elementos postos no real (percebidos) em elementos constituintes de uma realidade (interpretados). A primeira coisa a ser dita é que um modo de entender não está em contradição com o outro, apenas olham para as mesmas coisas de forma diferente. Podemos dizer que a semiótica está mais atenta ao fato de os filtros cognitivos atuarem somente na transformação do real em realidade, no instante do juízo perceptivo. As duas correntes, porém, entendem que o mecanismo do processo de significação é desencadeado a partir do mundo factual e é concluído com algo representado por uma mente, mas observam mecanismos diferentes na transformação do real em realidade, considerando que realidade é o real interpretado. Enquanto o modelo semiótico lida com um processo triádico em que (1º) os os objetos geram estímulos que (2º) desencadeiam processos mentais que levam à (3º) constituição de um interpretante, e esse interpretante é usado como um novo objeto, a psicanálise, em seu modelo diádico, entende que (1º) pelo menos dois significantes geram estímulos e apresentam características que estimulam um indivíduo a (2º) criar conexões entre eles gerando um sentido que define um significado que, por sua vez, é usado como um novo significante. Para entender a diferença entre os olhares de cada uma das linhas conceituais, é fundamental considerar que o signo semiótico tem o interpretante como um recipiente de todo o processo de mentalização do objeto e que, por sua vez, pode ser usado como um novo objeto; o signo psicanalítico, no entanto, só se constitui temporariamente e diante de uma mente que coloca em relação os significantes. Enquanto o modelo semiótico olha como os elementos sensíveis presentes no objeto são processados mentalmente até que seja constituída uma interpretação que substitui o objeto, destacando-se assim do próprio objeto que gerou o processo, o modelo psicanalítico olha como os indivíduos estabelecem as relações entre os significantes para que, a partir da instituição de um sentido, seja alcançado um significado alienado do objeto.

Devemos observar, porém, que os significantes psicanalíticos não comportam qualquer significação, ao passo que os interpretantes semióticos, apesar de carregarem consigo um forte vínculo com o real, destacam-se dele por já comportarem alguma significação. Dito de outra forma, no modelo semiótico basta um processo triádico para fazer emergir o interpretante com algum significado que poderá ser usado como se fosse um objeto em outro processo triádico. Diversamente, o modelo psicanalítico, na sua estrutura diádica, requer pelo menos dois significantes em cadeia para compor o significado.

Outra questão apontada na Fig. 5.1 é que o conceito de objeto dinâmico está completamente contido na noção de significante, mas a noção de significante extrapola o objeto dinâmico, abraçando também o objeto imediato e excluindo por completo o objeto final. Se olharmos o outro lado da moeda, podemos dizer que a definição do significante, apesar de muito próxima da definição de interpretante do ponto de vista formal, em nada coincide com esta se observados como dinâmica dentro de um processo de significação. Enquanto o significante não comporta nenhum significado a menos que seja colocado em relação a outro significante, o interpretante isoladamente se apresenta com um significado, ou seja, o interpretante extrapola o conceito de significante abraçando também aquilo que a psicanálise apresenta como significado.

Enquanto o signo semiótico de Peirce, apesar de não ser fechado em si mesmo, completa seu sentido na própria relação triádica do objeto-signo-interpretante, o signo psicanalítico de Lacan não encontra o sentido na própria relação diádica do significante-significado, mas precisa de outro significante para que o significado possa se estabelecer. O que acontece é que o modelo peirciano não prevê e não precisa de um ator em seu sistema, ao passo que a psicanálise exige que um ator coloque em relação os significantes necessários para a construção do significado. É por isso que a semiótica não dá conta de uma explicação existencial do signo, pois, mesmo que intua a existência de um ser interno ao modelo, é a psicanálise quem dará voz a esse ser, que, por meio de escolhas, será capaz de decidir quais significantes serão tomados no processo de significação e quais relações serão estabelecidas entre eles. Isso não quer dizer que a semiótica não considere uma mente pensante em seu sistema de funcionamento lógico e que a psicanálise a considere. Ambas as linhas de pensamento entendem que nada aconteceria se não houvesse uma mente mediadora das ligações e relações que geram a mentalização de algo. O que se considera é o lugar de expressão verbal que o indivíduo que vive a experiência no processo da significação tem em cada um dos modelos.

A Fig. 5.2 mostra essa metáfora e seus respectivos objetos localizados no triângulo semiótico de Peirce, reinstituindo a dinâmica da semiose. Repare que o triângulo semiótico tem a linha tracejada na relação entre o objeto (primeiridade) e o signo (secundidade), restituindo ao signo seu aspecto dinâmico quando o processo da semiose já foi desencadeado.

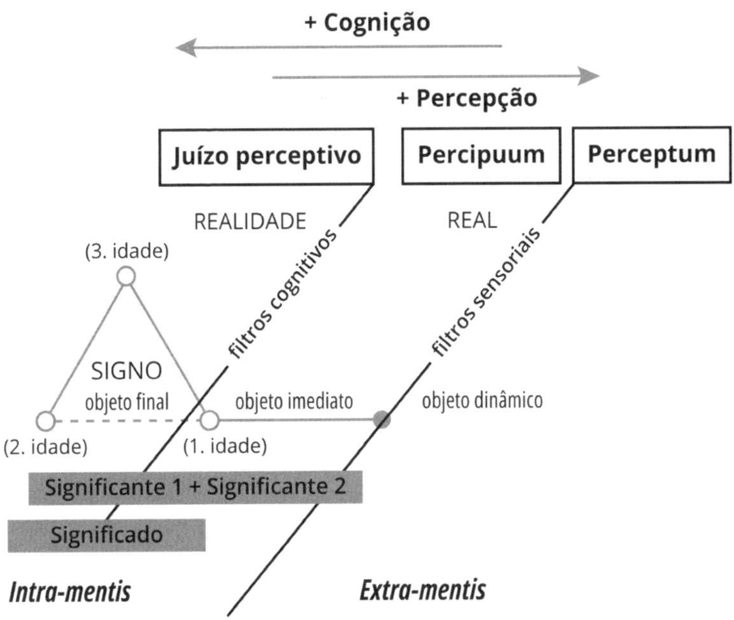

Figura 5.2 Referenciação, no triangulo semiótico, dos sistemas: real-realidade; intra e extra-mentis; percepção-cognição; e significante-significado.

O que está representado pelas duas linhas paralelas na diagonal mostra uma distância entre o perceptum e o juízo perceptivo. A imagem está superampliada, pois a informação leva apenas 40 milésimos de segundo para deixar de ser algo *extra-mentis* e passar a ser algo que desencadeia os processos do nosso juízo perceptivo. Chamam-se *processos de significação* as transformações de evidências fenomenológicas em representações, e tal noção está presente tanto no saber semiótico como psicanalítico. As duas correntes de pensamento entendem que os sinais provenientes do ambiente fenomenológico são transformados em algo interpretado que substitui a coisa representada. Daqui nascem frases como: a palavra é a morte da coisa; o símbolo é a morte da coisa; ou, ainda, o sujeito é a morte do ser. Ao falarmos de real e realidade nesse processo, temos de nos lembrar do que vimos no começo deste livro, quando se disse que ambos, real e realidade, são representações e que o real conserva uma profunda relação com os fenômenos de referência, ao passo que a realidade, apesar de ainda conservar grande relação com o mundo concreto, suporta algum grau de alterações nas representações. Não há um momento claro em que o real se transforma em realidade, esse é um processo contínuo, e a separação que se faz na figura pode ser somente ilustrativa, pois a linha nítida que os separa deveria ser, na verdade, um borrão. De qualquer forma, o que se quer aqui, ao traçar graficamente o triângulo semiótico de Peirce e alocar sobre ele os três estádios (perceptum-percipuum-juízo perceptivo) e os objetos (dinâmico, imediato e final), além de um resumo, é abrir a estrada para apresentar algumas ponderações sobre as situações que estão evidenciadas na figura: o sistema real-realidade; o sistema intra-mentis-extra-mentis; o sistema percepção-cognição; e, por fim, o sistema significante-significado, e como esses sistemas se comportam com relação à semiótica e à psicanálise.

Com relação ao *sistema real-realidade*, observamos que tanto o perceptum como o percipuum se originam no real, como foi definido no início deste livro. Enquanto o perceptum lida com os eventos físicos, denominados objetos dinâmicos, que são provenientes diretamente do ambiente, o percipuum lida com tais eventos tendo já passado por nossos filtros sensoriais, e então eles são denominados objetos imediatos. Peirce diz que esses objetos são aqueles mesmos interpretados que passaram pelo crivo do juízo perceptivo. Eu prefiro dizer que o juízo perceptivo lida com os objetos por meio de filtros cognitivos (e não mais filtros sensoriais) e atua sobre o objeto de forma a gerar uma imagem mentalmente manipulável que denomino objeto final. Para a psicanálise, podemos ser bem sucintos e dizer que real é aquela parte do mundo com a qual temos contato e sobre a qual não podemos intervir, e que se confunde, em um certo sentido, com o mundo dos fenômenos. Realidade é uma reconstrução confortável do real baseada em crenças, convicções, valores etc., gerando em alguém uma subjetividade.

O *sistema intra-mentis-extra-mentis* não se confunde com o sistema real-realidade, apesar de o real ser a primeira situação resultante das nossas relações com o meio externo e dele se originar. Quem carrega os elementos do meio externo para dentro do real é o objeto dinâmico, que também é o portador dos elementos presentes nos fatos extra-mentis que serão observados como fenômenos. Vimos no início deste livro que os fatos, quando são observados, se transformam em fenômenos, e podemos afirmar com convicção que são os objetos dinâmicos que, ao atingir nossos sentidos, provocam essa transformação. O objeto dinâmico, então, revela-se na conjunção de algo que antes era extra-mentis com algo que passou a ser intra-mentis. Com o real não é diferente, pois ele se forma a partir dos elementos que tocam nossos sentidos, e tudo o que toca nossos sentidos se converte em algo intra-mentis, mesmo que seja o átimo de uma sensação. Algum leitor pode duvidar dessa afirmação e argumentar que deve haver alguma possibilidade de nos relacionarmos com os eventos extra-mentis sem que eles se tornem necessariamente eventos intra-mentis. O contra-argumento é curto e seco: não, não há! Esse interlocutor poderá insistir dizendo que no ambiente celular, por exemplo, há eventos que nos afetam o corpo e que permanecem extra-mentis, e que se corpos estranhos atacarem nossas células criaremos, inclusive, mecanismos de defesa contra o invasor, e que isso quer dizer que estamos nos relacionando com eventos extra-mentis. Aqui abre-se um capítulo complexo que se relaciona com a consciência, e a resposta não pode ser nem tão curta nem tão seca. Certamente esses invasores existem e estão interagindo todo o tempo com nossos corpos, mas, a menos que eles provoquem sintomas em meu corpo, ou que se verifique a sua presença de alguma forma, não posso dizer que eles existem. Ocorrem no nosso organismo diversos microrganismos probióticos. Ou eu sei disso, o que implica dizer que transformei fatos em fenômenos, e tais seres passam a existir intra-mentis, ou eu não sei disso, e eles permanecem extra-mentis. Só porque os invasores existem não quer dizer que os eventos tenham passado a ocorrer intra-mentis. Mas o que se discute é se esses microrganismos estão ou não interagindo comigo. É claro que estão interagindo, é claro que produzem um efeito no meu organismo, positivo ou negativo que seja, e, talvez, uma vez que alguns deles regulam bem meu intestino, pode até ser que eles possam inclusive fazer meu pensamento fluir melhor. Esses microrganismos permanecem, no entanto, como objetos dinâmicos sem jamais atingir nossas consciências: "o que eu não percebo, para mim não existe". Isso determina que não há classificações estanques, mas um continuum, e onde vemos linhas traçadas nos gráficos apresentados neste livro, em todas as figuras, na verdade o que existe são transições esfumadas. A favor do meu interlocutor pode estar o fato de que, antes de mais nada, a mente não está somente no cérebro, mas em todo o corpo, como já observaram um dia Edelman (1987/1995) e Damásio (2010), porém há inúmeros estímulos que provêm do ambiente que atingem nossos corpos e permanecerão subjacentes à nossa consciência. Depois, mesmo que consigamos olhar com uma acuidade crescente o mundo que nos circunda – ou, nesse caso citado, olhar para os invasores que existem dentro de nós e que interagem com nossos corpos e, portanto, também com nossas mentes –, sempre haverá uma zona mal definida entre nós e o mundo concreto e, como em um buraco negro, haverá uma espécie de "horizonte de eventos" para além do qual nada é possível ver.

Não quero entrar no difícil discurso de alguns neurofilósofos que sustentam que a única linguagem que existe é a linguagem biológica e que a dita "linguagem mental" (seja lá o que for que eles achem que isso seja!) é apenas uma invenção. Provavelmente, os mecanismos de interação do nosso corpo com esses invasores são semelhantes às relações que minha mente tem com o mundo externo e que tanto Peirce quanto Lacan descrevem como construção da linguagem (para tais neurofilósofos, mental). Estaria correto dizer, então, que a interação do meu corpo com um invasor configuraria uma linguagem biológica precedente à linguagem mental e que, no momento da aquisição de informações do mundo externo, estariam atuando não os filtros sensoriais, mas filtros biofisioquímicos. Porquanto possa haver mentes em outros animais e criaturas, resgatando de Lacan uma fala, digo a esses neurofilósofos que eles deveriam se lembrar de que o ser humano é atravessado pela cultura. Apesar de concordar que a linguagem biológica está mais na base da nossa existência e relação com o mundo, ela não produz consciência. A consciência só é possível por meio da dita "linguagem mental". Devemos nos lembrar que, por mais que consigamos avançar no conhecimento do mundo, por mais que a linguagem biológica esteja plenamente instituída, até que sejam descobertos por uma mente, nem mesmo os seres mais ferozes poderão habitar o mundo real. Concluo dizendo que o mais provável é que haja um continuum entre a linguagem que minhas células são capazes de operar e aquela que passa a ser operada pelo meu cérebro.

Trataremos especificamente do processo de percepção e cognição mais à frente. Por ora, apenas colocaremos o *sistema percepção-cognição* em relação à tríade perceptum-percipuum-juízo perceptivo. Com essa tríade, Peirce (CP 1.372 Cross-Ref:††) quer explicar o processo da percepção, mas o juízo perceptivo já é o primeiro passo dos processos cognitivos. Aqui também não há fronteiras bem delimitadas, mas um continuum que vai do objeto até seu interpretante, que vai da percepção até a cognição. Enquanto o objeto e a percepção são mais próximos aos eventos físicos; o interpretante e a cognição são relativamente mais vizinhos aos eventos mentais, mas os eventos físicos somente se transformam em eventos mentais pelo abandono gradativo das referências provenientes do fenômeno, que são substituídas pelas representações mentais. Devemos considerar, porém, que o interpretante, mesmo já posto na realidade como representação por meio do juízo perceptivo, ainda está fortemente ligado ao objeto. O interpretante é uma terceiridade, mas, muito mais do que estar ligado ao veículo sígnico, ele está próximo do designatum. O interpretante é a expressão de uma transição corpo-mente presente substancialmente em primeiridade. Talvez esse tenha sido o motivo de Peirce não ter criado um objeto final, pois o objeto imediato não se desgruda do real, como parte do interpretante também não, no entanto, parte dele, ligado àquilo que chamo de objeto final, consegue se desgrudar plenamente. É por meio do processo de percepção-cognição que o objeto vai deixando de ser dinâmico e vai assumindo suas feições de objeto imediato, até, acrescento eu, ser cristalizado na forma de um objeto final. O interpretante é aquele que sincretiza esse processo de transformação do objeto. Os vínculos entre o real e a realidade são quebrados somente com o interpretante. É o interpretante quem introduz aquilo que Recalcati (2013) chamou de "o sono da realidade". Talvez a melhor explicação seja aquela dada pelas setas da Fig. 5.2, pois, muito mais do que estados de pensamento, percepção e cognição são vetores que apontam para direções opostas. Bonfantini (2009) faz um elenco dos níveis de interpretação que levam à cognição:

0. *(Impacto do estímulo no sistema nervoso)*
I. *Sensação*
II. *Percepção*

> III. *Juízo perceptivo*
> IV. *Juízo em termos de coisas e eventos observáveis, de relações causais ou geralmente funcionais entre coisas e eventos, de relações selecionadas e medidas (experimentos)*
> V. *Teoria científica*
> VI. *Filosofia da natureza regional*
> VII. *Ontologia-gnoseologia. (pp. 21-22)*

Para Bonfantini, existem três leis que regulamentam a mudança de nível da interpretação. A primeira é a *lei da inventiva ascendente da interpretação* – aqui há divergência entre as duas correntes, pois a psicanálise entende que há uma identificação (espelho) no processo de interpretação, enquanto a semiótica sustenta que pode haver somente uma recepção seletiva dos sinais. A segunda é a *lei da inspiração da interpretação descendente do nível superior* – parte-se das hipóteses formuladas em um nível superior para se chegar ao próximo, ou seja, para definir os experimentos (IV nível), por exemplo, é necessário que as hipóteses sejam formuladas à luz da teoria científica (V nível), para haver um juízo perceptivo (III nível) é necessário que o juízo das coisas sirva como parâmetro de coerência (IV nível), e assim por diante. Nesses casos a interpretação medeia "as exigências ordenadoras dos níveis superiores, mais estáveis, simples e compactos, e a exigência dos níveis inferiores, mais ricos de multiplicidade de imprevisibilidade". A terceira lei é a *lei da verificação do nível inferior da interpretação* – cada interpretação surge como conhecimento do nível inferior, de forma a consentir a previsão de manifestações ainda não observadas. A primeira e a segunda são leis do processo de interpretação que satisfazem tanto ao modelo de significação da semiótica quanto ao da psicanálise.

Temos de entender que estamos colocando o comportamento diádico do *sistema significante-significado* em confronto com a estrutura triádica do signo e, além disso, mesmo que estejamos lidando com estruturas conceituais muito próximas, raramente elas coincidirão totalmente a ponto de se poder estabelecer correspondências perfeitas entre uma e outra. As duas correntes de pensamento têm parte das explicações sobrepostas, mas a outra parte são compreensões complementares. A parte em que as duas correntes conceituais coincidem é quando ambas falam de um processo de representação mental, cujo resultado é a substituição completa das coisas por algo que foi mentalizado sobre elas, e ambas estão de acordo que a representação separa a pessoa do mundo real. Ao analisar, porém, o sistema significante-significado, um dos temas centrais nas discussões psicanalíticas, entendemos que o significante percorre desde o objeto dinâmico até o objeto final e que o significado só se estabelece na conclusão do objeto final em um interpretante. Essa, no entanto, não é a relação que precisamos confrontar, pois, apesar de o significante ser aquilo que representa o objeto, ele, o significante, só encontrará proximidade conceitual com aquilo que na semiótica se define como "interpretante" de forma parcial. Nesse sentido, se por um lado o interpretante tem uma estreita relação com o significante por ambos representarem o objeto, por outro lado o interpretante também não pode se dissociar completamente do significado, pois ambos envolvem um distanciamento gradual do mundo real pela representação, valendo-se daquilo que chamei de objeto final. O principal fato nessa comparação entre o sistema psicanalítico e o sistema semiótico é que a formação do significado não começa estritamente no estádio do juízo perceptivo, pois ainda no estádio do percipuum o significado já começa a se insinuar em meio às possibilidades hipotéticas. Os teóricos da psicanálise têm plena consciência de que significante e significado ocorrem em estratos distintos e a significação está na relação dinâmica desses dois estratos. Eles sabem que, enquanto o significante é uma célula localizável e relativamente rígida, o significado é uma massa com características plásticas que envolve os significantes ligando-os uns aos outros. Assim, pela óptica da psicanálise, o percipuum deveria ser aquela zona mal definida, plástica, na qual aquilo que ainda é coisa paulatinamente se transforma em algo mental. O significante abraça praticamente todo o processo da percepção e, ao ser relacionado com outro significante, prepara o caminho para o significado se instaurar. Exatamente neste ponto, encontramos uma crucial diferença entre os dois modelos. Ao perceber que não é possível estabelecer os significados sem que haja uma mente que conecte pelo menos dois significantes, a psicanálise dá o rudimento existencial no processo da representação, o que permanece apenas subentendido no processo descrito pela semiótica. Mesmo que a interpretação precise de uma cadeia processual chamada semiose e que ela ocorra na mente de alguém, a semiótica não dá conta de uma explicação suficientemente clara desse processo, pois não entende onde está localizado o sujeito que emerge desse processo. Aliás, o modelo semiótico nem se dá conta de um sujeito interno ao modelo que, ao mesmo tempo que faz as escolhas, é modelado pelas escolhas que faz. A semiótica apenas sabe de um observador externo que observa aquilo que ocorre alhures.

Em contrapartida, a semiótica entende que atuam mecanismos estruturais na aquisição de informação proveniente do ambiente, muito próximos aos mecanismos biológicos, e localiza, ainda, um observador externo a todo o processo. Estruturalmente não há grande diferença entre uma compreensão e outra; a diferença fundamental é operacional, pois o que distingue o conceito de interpretante do conceito de significante é que o interpretante se refere a uma coisa que está no lugar de qualquer outra coisa na mente de alguém, enquanto o significante é qualquer coisa que, posta por um ator em relação a outro significante, gera um significado. Podemos representar essa ideia com as seguintes fórmulas:

Interpretante:

:-) ➔ é um "sorriso" **ou** qualquer outra coisa na mente de alguém.

Significante:

:-) **e** qualquer outra coisa na mente de alguém ➔ pode ser um sorriso.

Para a semiótica, o objeto " :-) " é uma representação sígnica, portanto é algo que está no lugar de uma outra coisa para a mente de alguém que interpreta e será usado como o seu interpretante. Para a psicanálise, " :-) " é algo que existe e está disponível a ser colocado em relação a outro significante para gerar um sentido. Por meio da semiótica entendemos que alguém se dá conta de uma coisa (uma situação de sorriso) por meio de outra coisa (um conjunto de caracteres). A figura formada por aqueles caracteres assume outro valor distinto dos caracteres individuais e, assim, o conjunto passa a ser uma representação mediadora das relações entre o objeto (fenômeno do sorriso) e a mente (representação do sorriso, a palavra sorriso etc.). A psicanálise não se contenta com um significante e precisa que alguém o ligue com outros significantes, pelo menos mais um, até que um sentido seja dado. Uma vez que eu desconheço com quais outros significantes o sujeito relacionará o conjunto de caracteres, apenas posso dizer que há alguma probabilidade de que a figura possa assumir o significado de um sorriso. Efetivamente, o objeto " :-) ", pela óptica da psicanálise, pode assumir quaisquer outros significados que o sujeito lhe determinar a depender dos significantes que ele decidirá colocar em cadeia. Conhecer o significado que foi dado ao conjunto de caracteres somente será possível por meio da fala do sujeito, visto que as relações que ele possa ter criado são vastas, se não infinitas. Daí podemos entender o forte caráter individual e subjetivo da psicanálise, pois aquele signo para aquele sujeito pode não estar relacionado a um sorriso, mas a um momento de tristeza, se um afeto seu enviou a ele uma mensagem de despedida com aquele signo fechando o diálogo.

Existe, então, complementaridade, ou pelo menos uma confluência, entre semiótica e psicanálise? Uma curiosa "autoentrevista" de Massimo Bonfantini (2009) sobre Freud e a abdução procura estabelecer, se não com a inteira psicanálise, pelo menos com a psicanálise de Freud, um entendimento dessa relação. A própria construção do texto, por meio de um diálogo consigo mesmo, é ilustrativa da relação entre semiótica e psicanálise, e, como o autor aponta, tanto para Peirce como para Platão, o pensamento de um Eu é sempre dialógico. Em sua primeira afirmação, Bonfantini diz que a semiose tem um *a priori* psíquico radicado no biológico, dessa forma, ele alinha a semiose à psicanálise de Freud, mas também à neurociência. Ao relacionar psicanálise com a semiose, o autor, no papel de entrevistador, se pergunta: "E como se chamam a primeiridade, secundidade e terceiridade que você aplica no *A PRIORI* DO ANIMAL HOMEM, pois não me lembro mais?". Bonfantini responde a si mesmo: "A primeira face do *a priori* é o desejo, a segunda é a práxis e a terceira é a semiose" e justifica sua resposta dizendo: "O homem é o animal *desejante* por excelência, depois é *Homo faber* e, enfim, é *Homo semioticus*" (p. 4, 5, grifos do autor). De certa forma, nós discutimos essas questões ao longo deste livro.

Falamos superficialmente da relação da construção dos significados a partir do *desejo* (e do instinto que está envolvido nessa construção). Falamos menos claramente sobre o *fazer*, primeira face do *a priori* humano, mas, como Freud e Lacan, também acho que é o desejo que move as ações, pois nas ações os desejos são cumpridos. Bonfantini avisa, no entanto, que há uma parte do fazer ligado à primeiridade, quando "a atividade é considerada e vivida por si mesma", no prazer ou desprazer da fruição; outra parte está ligada à secundidade, quando "a atividade é considerada e vivida em relação a um outro", apresentando-se com um escopo que transcende e justifica a própria atividade, e, ainda, uma última parte que está ligada à terceiridade, quando *a atividade é considerada e vivida de acordo com a normatividade do seu cumprimento na obra*, mostrando-se como resultado. Definem-se, assim, três operações do fazer: a jocosidade na primeiridade; o trabalho na secundidade; e na terceiridade há a operosidade, entendida na produtividade concreta de algo.

É, porém, principalmente sobre a *terceira face do* a priori *humano* que este livro trata. A terceira face do *a priori* para Bonfantini está ligada aos processos da semiose. Tais processos encontram correspondência nas inferências: abdução (abstração); indução (análise) e dedução (síntese), e por meio de tais processos o ser humano tanto dá *expressão* à projetualidade do desejo como dá *representação* para a produtividade advinda da práxis. Ocorre-nos uma pergunta: além do desejo, o que mais está se relacionando entre semiótica e psicanálise? Bonfantini mostra que o próprio Freud identificou que havia uma relação muito clara entre a abdução como proposta por Peirce e o método investigativo do psicanalista, que, como um detetive, trabalha para trazer à luz, por meio de indícios, os signos existentes, mas ausentes, pois foram deslocados para o inconsciente. Bem, podemos justamente objetar que qualquer atividade de observação se vale da abdução e, portanto, nesse caso se enquadraria no método de trabalho psicanalítico, mas Bonfantini está falando especificamente do processo lógico que

Freud usa para lidar, inclusive, com processos *menos conscientes*, como no caso do pequeno Hans, seguindo um preciso diagrama e respondendo a preceitos preestabelecidos em estudos anteriores. Nesse caso, o texto deixa subentendido que a abdução, por mais aparentada que seja com a indução e a dedução, não é somente um esquema lógico que se restringe ao frio intelecto pouco adequado para o entendimento dos atos psíquicos, mas é, na verdade, um instrumento instintivo capaz de lidar com os fenômenos qualificados como inconscientes.

Bem, estou absolutamente de acordo com essa proposição, mas talvez escape a Bonfantini o fato de a metodologia psicanalítica ter uma relação impositiva com a estrutura da palavra, pois é somente por meio da subversão do verbo que o psicanalista pode atuar como aquele detetive de que Bonfantini nos fala. Sem a palavra e a falha no uso dela não há como identificar o que está presente no inconsciente. Durante meu doutorado, queria investigar a usabilidade de interfaces, mas sabia que as pessoas, quando inquiridas verbalmente, com medo de serem julgadas, falsificam o que realmente sentem e percebem. Muitas pessoas preferem, por exemplo, dizer que a interface é boa ou para não "ofender o produto" ou para não parecerem incapazes aos olhos do pesquisador. Cogitei, então, usar o comportamento gestual como informativo da relação da pessoa com o artefato, uma vez que, quando o corpo diz, é impossível negar ou esconder o que foi dito. Decidi, portanto, usar a psicanálise como ferramenta para obter informações mais fidedignas sobre a interface, afinal, a psicanálise lida com aquilo que somente o próprio sujeito sabe. Foi, no entanto, impossível usar os instrumentos da psicanálise, uma vez que a palavra falta. Precisei, então, recorrer à semiótica, especificamente aos processos inferenciais, para interpretar o comportamento gestual. De alguma forma um pouco misteriosa, Bonfantini nos leva a concluir que aquilo que um dia foi o privilégio da alma, agir pela intuição, a um certo ponto foi abduzido (no sentido peirciano mesmo, da abdução) para o corpo. Passamos a perceber a intuição como uma tarefa muito mais do corpo do que da "alma". Essa fala traz uma repercussão imediata para o entendimento da semiótica, pois a semiótica depende do lugar sensível dos corpos para se explicar enquanto teoria, mas também afeta de forma indelével a forma de compreender a psicanálise, pois o corpo é o principal lugar do sintoma, tema central na teoria psicanalítica.

Quatro notas conclusivas

Foram delimitadas algumas definições para alguns termos com as quais o leitor não tem de estar de acordo, tampouco precisa estar parcialmente de acordo, pois é para a discussão que se está trabalhando. Quando se pondera sobre o fato, o fenômeno, o real, a realidade concreta e a realidade ficcional, temos de entender o ponto de vista do interlocutor para poder intervir e modificar o sentido daquilo que está sendo construído como conhecimento. O ponto de partida foi a delimitação dos termos e a distinção que há entre eles; passamos então pelo entendimento estrutural desses conceitos e, por fim, entendemos alguns dos mecanismos do processo de construção das representações, das significações e das interpretações.

Em um momento subsequente, discorremos sobre o real, o simbólico e o imaginário, instâncias psicanalíticas no processo de representação e de significação que, porém, interessam ao estudo do signo de forma mais alargada, incorporando a noção de interpretação semiótica. De fato, os dois tópicos seguintes foram concernentes ao entendimento do signo e de suas subdivisões tanto pelo ponto de vista da psicanálise quanto da semiótica.

Com relação às compreensões sobre o signo, observaram-se as dinâmicas de cada uma das propostas conceituais. Tanto a psicanálise como a semiótica conseguem dar uma explicação ao processo de significação. Há, contudo, diferenças entre as duas correntes teóricas. A semiótica, apesar de não incluir o indivíduo nos mecanismos da semiose, consegue extrapolar o processo da significação para qualquer linguagem possível, e não somente a língua. Já a psicanálise, mesmo sendo capaz de incluir o indivíduo no processo de significação – e essa é uma importantíssima contribuição –, somente consegue acessar os conteúdos sígnicos de outra natureza por meio da linguagem verbal codificada.

A inclusão do indivíduo no processo de significação ou sua permanência como observador determina justamente a complementaridade entre as duas correntes. A linguagem é justamente o que aproxima a semiótica da psicanálise, pois é o que dá caráter estruturalista às duas teorias. Enquanto a semiótica especializa esse olhar estruturalista com sua proposta triádica e o uso da lógica das inferências na manipulação do signo, a psicanálise, por meio da fala, procura a ocorrência de subjetividades, colocando o sujeito como uma decorrência de um processo vivido em primeira pessoa, configurando-se, assim, um entendimento existencialista do signo.

Referências

Bonfantini, M. A. (2009). Auto Intervista su Freud e l'Abduzione. In M. A. Bonfantini, B. Brunetti, & A. Ponzio, *Freud, l'analisi, la scrittura*. B. A. Graphis.

Clavurier, V. (2013, jul.). Real, simbólico, imaginário: da referência ao nó. *Estudos de Psicanálise, 39*.

Damásio, A. R. (1994). *Descartes' Error: emotion, reason, and the human brain*. Putnam.

Damásio, A. R. (2010). *Self Comes to Mind: constructing the conscious brain*. Pantheon.

Dennett, D. (1989). The origins of selves. *Cogito, 3*, 163-173.

Dennett, D. (1991). *Consciousness explained* (Allen Lane, Ed.). The Penguin Press.

Douven, I. (2017, summer). Abduction. In E. N. Zalta (Ed.), *The Stanford Encyclopedia of Philosophy*. https://plato.stanford.edu/archives/sum2017/entries/abduction/

Eco, U. (1981). *O signo*. Presença.

Eco, U. (1986). *Lector in fabula. A cooperação interpretativa nos textos narrativos* (A. Cancian, Trad.). Perspectiva. (Trabalho original publicado em 1979)

Eco, U. (1990). *I limiti dell'interpretazione*. Bompiani.

Eco, U. (1992). *Interpretation and overinterpretation*. Cambridge University Press.

Eco, U. (1993). *Interpretação e sobreinterpretação* (S. Collini, Dir.; M. S. Pereira, Trad.). Presença. (Trabalho original publicado em 1992)

Eco, U. (1994). *Seis passeios pelo bosque da ficção* (H. Feist, Trad.). Companhia das Letras.

Eco, U. (2011, 21 jul.). Credulità e identificazione. *L'Espresso*. http://espresso.repubblica.it/opinioni/la-bustina-di-minerva/2011/07/21/news/credulita-e-identificazione-1.33646

Edelman, G. M. (1995). *Darwinismo neurale: la teoria della selezione dei gruppi neuronali*. Einaudi. (Trabalho original publicado em 1987)

Ferraris, M. (2011, 8 ago.). Il ritorno al pensiero forte. *La Repubblica*. https://ricerca.repubblica.it/repubblica/archivio/repubblica/2011/08/08/il-ritorno-al-pensiero-forte.html?ref=search

Foucault, M. (1973). *Ceci n'est pas une pipe*. Fata Morgana.

Freud, S. (1990). Projeto para uma psicologia científica. In S. Freud, *Edição standard brasileira das obras psicológicas completas de Sigmund Freud* (Vol. 1, pp. 385-529). Imago. (Trabalho original publicado em 1950)

Freud, S. (1991). *Considerazioni Attuali sulla Guerra e la Morte*. Edizioni Studio Tesi. (Trabalho original publicado em 1915)

Freud, S. (2010). *L'interpretazione delle afasie: uno studio critico.* Quodlibet. (Trabalho original publicado em 1891)

Greco, M. (2011, nov.). Os espelhos de Lacan. *Opção Lacaniana online nova série, 2*(6). http://www.opcaolacaniana.com.br/pdf/numero_6/Os_espelhos_de_Lacan.pdf

Heidegger, M. (2002). *Ser e tempo* (Partes I e II; M. S. C. Schuback, Trad.). Vozes. (*Sein und Zeit*, Vittorio Klostermann, 1977) (Trabalho original publicado em 1927)

Heimann, P. (2019). Certain functions of introjection and projection in early infancy. In M. Klein, P. Heimann, S. Isaacs, J. Riviere, & E. Jones (Eds.), *Developments in Psycho-Analysis* (pp. 122-168). Hogarth (e-Book) (Trabalho original publicado em 1952)

Lacan, J. (1953). *O simbólico, o imaginário, o real.* Conferência proferida em 8 julho de 1953 na Société Française de Psychanalyse. https://psicoanalisis.org/lacan/rsi-53.htm

Lacan, J. (1973). *Le séminaire* (Livre XXI: *Les non-dupes errent*). Inédit, séance du 13 nov. (1973-74). http://www.valas.fr/IMG/pdf/S21_NON-DUPES---.pdf

Lacan, J. (1982). *Seminario en Caracas: actas de la reunión sobre la enseñanza de Lacan y el psicoanálisis en América Latina.* Editorial Ateneo de Caracas.

Lacan, J. (1988). *O seminário* (Livro XI: *Os quatro conceitos fundamentais da Psicanálise*). Zahar. (Trabalho original intitulado *Le séminaire* [Livre XI: *Les quatre concepts fondamentaux de la psychanalyse*] e publicado em 1964)

Lacan, J. (1996). *O seminário* (Livro 1: *Os escritos técnicos de Freud [1953-1954]*; J.-A. Miller, estabelecimento do texto; B. Millan, versão bras.). Zahar. (Trabalho original publicado em 1975)

Lacan, J. (2002). L'istanza della Lettera nell'Inconscio o la Ragione dopo Freud. In J. Lacan, *Scritti*. Einaudi. (Trabalho original publicado em 1957)

Miller, J.-A. (1994). *O percurso de Lacan: uma introdução*. Zahar. (Trabalho original publicado em 1983)

Miller, J.-A. (2015). *Seminarios en Caracas y Bogotá*. Paidós.

Milner, J.-C. (1995). *L'oeuvre claire: Lacan, la science et la philosophie*. Le Seuil.

Ogden, C. K., & Richards, I. A. (1989). *The meaning of meaning*. Harvest/HBJ. (Trabalho original publicado em 1923)

Peirce, C. S. (1931-1935). *Collected papers of Charles Sanders Peirce* (Vols. I-VI; C. Hartshorne e P. Weiss, Eds.). Harvard University Press.

Peirce, C. S. (1958). *Collected papers of Charles Sanders Peirce* (Vols. VII-VIII; A. W. Burks, Ed.). Harvard University Press.

Recalcati, M. (2012, 22 abr.). Quando 'la Realtà' anestetizza 'il Reale'. *La Repubblica*. https://ricerca.repubblica.it/repubblica/archivio/repubblica/2012/04/23/quando-la-realta-anestetizza--il-reale.html

Recalcati, M. (2013). *Il Vuoto e il Resto: il problema del reale in J. Lacan*. Mimesis Edizioni.

Saussure, F. de (1916). *Cours de linguistique générale* (C. Bally, A. Riedlinger e A. Sechehaye, Eds.). Payot.

Saussure, F. de (2009). *Corso di linguistica generale* (T. De Mauro, Ed.). Laterza. (Trabalho original publicado em 1916)

Searle, J. R. (1992). *The rediscovery of the mind*. MIT.

Siciliano, A. (2013). Jacques Lacan e Ferdinand de Saussure: la psicoanalisi del dopo Freud e lo strutturalismo linguistico. *Critica*

Impura. https://criticaimpura.wordpress.com/2013/03/24/jacques-lacan-e-ferdinand-de-saussure-la-psicoanalisi-del-dopo-freud-e-lo-strutturalismo-linguistico/

Simões, L. (2009). *Estudo semântico e diacrônico do sufixo '-dade' na língua portuguesa* [Dissertação de mestrado, Faculdade de Filosofia, Letras e Ciências Humanas, Universidade de São Paulo].

GRÁFICA PAYM
Tel. [11] 4392-3344
paym@graficapaym.com.br